O ESPÍRITO DAS ROUPAS

GILDA DE MELLO E SOUZA

O ESPÍRITO DAS ROUPAS
A moda no século dezenove

2ª edição

Companhia das Letras \ Ouro sobre Azul
São Paulo \ Rio de Janeiro \ 2019

ÍNDICE

PANO PARA MANGA \ Alexandre Eulalio \ 9

INTRODUÇÃO \ 19

A MODA COMO ARTE \ 26

O ANTAGONISMO \ 52

A CULTURA FEMININA \ 86

A LUTA DAS CLASSES \ 108

O MITO DA BORRALHEIRA \ 142

APÊNDICE \ 171

O GESTO, A ATITUDE, A ROUPA… \ 177

NOTAS BIBLIOGRÁFICAS \ 214

BIBLIOGRAFIA \ 240

ESTA É A PRIMEIRA EDIÇÃO, sob a forma de livro, da tese de doutoramento A MODA NO SÉCULO DEZENOVE, publicada na *Revista do Museu Paulista*, Nova Série, Volume v, 1950. Salvo pequenas modificações na redação e na estrutura, nada de essencial foi alterado, a fim de conservar, no sentido mais amplo, a data da elaboração do trabalho.

Naquela época ele constituiu uma espécie de desvio em relação às normas predominantes nas teses da Universidade de São Paulo. Hoje a perspectiva mudou e o tema abordado, que talvez tenha parecido fútil a muita gente, assumiu com o transcorrer do tempo uma atualidade inesperada. E, como fiz questão de não acrescentar à bibliografia nenhum título novo e de não alterar a maneira de ver a moda como fato cultural e social, se este ensaio valer alguma coisa, vale o que valia há 36 anos atrás.

A propósito quero destacar a minha gratidão para com dois professores falecidos. Roger Bastide, meu orientador, aceitou de bom grado a proposta e sempre me animou a desenvolvê-la, com toda a liberdade, segundo o meu temperamento. Herbert Baldus me convidou generosamente a publicá-la numa revista científica habituada a receber colaboração muito diferente. São provas de confiança e apreço que jamais esqueci.

Quero relembrar ainda os agradecimentos feitos naquela ocasião a dois queridos amigos: Sérgio Buarque de Holanda, que dedicou muitas horas de seu tempo precioso traduzindo-me o longo ensaio de Steinmetz, e Maria Isaura Pereira de Queiroz, que fichou com paciência os romances brasileiros da segunda metade do século XIX.

A estes nomes devo acrescentar hoje os de Alexandre Eulalio, Oroncio Vaz de Arruda, Guita e José Mindlin, Stela Teixeira de Barros, Adélia Giorgi Monteiro, Maria da Penha Müller Carioba, Carmen e Sarah Alves de Lima que me cederam livros, fotos ou pranchas de modas para as ilustrações, agora muito mais abundantes que na versão primitiva. No preparo desta edição contei ainda com o auxílio de Monica Xexéo e do Museu Nacional de Belas Artes; a competência profissional de Raul Lima, Ivan Lima, Raul Garcez/João Musa e Luis Fernando Massari Macian, que se encarregaram das reproduções fotográficas; a paciente supervisão editorial de José Luiz de Sousa; e, finalmente, o engenho e arte de Ana Luisa Escorel, que soube rejuvenescer com admirável perícia a velha face do meu texto.

Gilda de Mello e Souza em texto de 1987

PANO PARA MANGA

AS ESTAÇÕES REUNIDAS AOS PARES: a temporada outono-inverno e a de primavera-verão. Conforme a trama dos tecidos pesados ou mais leves, escuros e luminosos, que têm de ser consumidos pelo público que conta e sabe pagar. A mudança das estações indicando a transitoriedade veloz das quadras do ano e as novas exigências da Moda-modernidade. *Impressão: dia de chuva na Place d'Europe* (1877). As figuras, nos seus abrigos leves, recortam-se em relevo contra o fundo grisalho da tela de Gustavo Caillebotte, onde o foco da imagem é firme. Mais que "impressão", forte presença das personagens do espaço entreaberto em leque, que os gomos sombrios dos guarda-chuvas sublinham. Um flagrante reconstruído durante semanas seguidas pela aplicação insana do artista, a fúria de pinceladas e arrependimentos. Quase como a soma das partes no todo de um vestido de alta-costura descrito por Madame de Ponty nos seus entrecortados editoriais, cintilantes, da *Gazette du Monde et de la Famille*. Marcel Proust não dirá, mais tarde, que desejava a sua obra talhada ao mesmo tempo como uma roupa e uma catedral? Catedral que ele pensaria decerto submersa nas diferentes gradações de luz aveludada com que Claude Monet, na famosa sequência de telas, inundou a Sé de Ruão. Quanto à vestimenta, estaria aludindo à textura sinuosa da sua escrita, onde tinha espaço para abrigar gesto e movimento, graça e malignidade, oferta e ironia, langor e negaceio, dando todo o pano à desmedida inventividade dele, autor.

Pintar. Vestir. Desvestir.[1] Com a vista. Com o tato. *Sur la robe elle a un corps* (Cendrars, sobre os vestidos "simultâneos" de Sonia Terk). Cor. Dizer com a cor e as formas. Afirmar, significar, mesmo, principalmente, por absurdo: colada sobre a pele em pleno inverno a túnica pseudoática 1810; os triângulos superpostos do vestido Restauração; o tundá, com o tufo de todas as suas anáguas, "sem esquecer a de cor vermelha"; a gaiola ambulante da crinolina, rangendo de leve debaixo do *moiré antique* ou do *satin à la reine* de metragem generosa, da qual Baudelaire observa o sugestivo balanço e o soerguer-se constante, que entremostra a pata da gazela; anquinha "Pauline 1880", com a mola retrátil que fica chapada quando a dona vai sentar-se. A imitação do que "está na moda na Corte" pelas classes médias e pela província. Moldes remetidos por correspondência desdobrados em cima da mesa. O farfalho surdo da tesoura cortando pano, agora pousada junto a fitas métricas, agulhas, alfinetes, carretéis – mesmo sem nenhum apólogo machadiano ao alcance da mão. Afã das costureiras em torno da sinhazinha, conformada, braços largados, que não dá um pio em meio a elas. *Et les servantes de ma mère, grandes filles luisiantes...* (St.-J.P.: *Eloges Pour Fêter une Enfance*).

"Moda". Escrita. Tipografia. Compor bem, firme; nitidez, elegância. Forma. Se possível, cor. Estilo. Propriedade antes de tudo. Respeite os gêneros: campestre, passeio, traje de montaria, de caça, esporte, a rigor; *prêt-à-porter* de redação; vestido de gala, casaca e condecorações. Cada coisa a sua hora. Disciplina tão severa apenas seria possível aos ociosos apatacados, que vão cronometrar as horas do dia segundo as exigências

---

1. Feydeau vai jogar de modo hilariante, nas farsas dele, com a dama infeliz na escapada, que, num passe de mágica, tem de saltar do *deshabillé* clandestino em que se abandonava para um decoro vestimental reconquistado a toda velocidade. Encaixar-se, nesse piscar de olhos, por dentro dos complicados indumentos do tempo, desde o grau zero do espartilho – que para redesenhar a silhueta exigia o apoio enérgico de um(a) colaborador(a) – não era problema de fácil solução.

das sucessivas ocasiões mundanas. Barbey d'Aurevilly e Baudelaire referem-se ao espantoso estoicismo do *Dandy*, que o torna cerebrino, e, aos melhores exemplares da espécie, autênticos intelectuais. Modelo imitado com escasso êxito pelos aprendizes de elegância, pois a dita cuja, substantiva e despojada – Balzac já havia anotado isso no manual dele sobre a matéria – é bem inalienável, nasce e morre com o aquinhoado.

Mas também as damas "reguladas pelo *High-life*" (para falar com a sábia, experiente, Madame de Ponty) sofriam obrigações vestimentares não menos lancinantes. Felizmente eram assessoradas em todos os pormenores, observações e adendos incluídos, por algumas publicações que se desejavam "exclusivas". O caso, por exemplo, da diversas vezes lembrada *A moda mais recente. Gazeta da boa sociedade e da família*. Quinzenário que representa o estágio evoluído de algo que começou como um catálogo muito seleto de "endereços confiáveis", *les bonnes adresses*, a que a gente fina poderia recorrer. Nada, portanto, da listagem indiferente e utilitária das grandes lojas Classe B, como *Au Bonheur des Dames* do romance de Émile Zola. Uma revista diferente, que assumia a responsabilidade de conselheira segura do gosto. Uma revista que se encarregava não só de selecionar os modelos de vestidos mais requintados, de apontar as lojas de nível supremo, mas ainda de inserir no corpo da publicação textos dos escritores que "valiam a pena" – só destes. Modelo imitado em versão modesta pelos diversos *Jornal das Famílias* e *A Estação* a serem em breve publicados na remota cidade do Rio de Janeiro, na América do Sul – apesar das advertências a respeito de contrafações e imitações estampadas em cada número de *La Dernière Mode*. Uns tempos mais tarde, Mestre Stephane Mallarmé, recostado na meia-torsão da tela de Edouard Manet que o retrata, vai permitir-se dizer num meio sorriso: *Madeleine de Ponty c'est moi... si ce ne fut qu'un moment... quatre mois...*

Em *O espírito das roupas*, Gilda de Mello e Souza consegue desenhar, com o traço fino e desimpedido que é o seu, o panorama abrangente de certa situação em acelerada mudança. Descreve e interpreta assim, com a habitual sutileza, as vicissitudes pelas quais passou a vestimenta pelo "estúpido século XIX" afora: o "século dos suspensórios", da fumaça das fábricas, das aglomerações de massa nas cidades, do capitalismo selvagem sem máscara, dos levantes libertários, esmagados com violência. Século vituperado pelo saudosismo "bairros bem" de Léon Daudet, mas do qual germinou tal como é a nossa pobre idade rica da tecnologia avançada. Período singular, esse Oitocentos, durante o qual a Moda, filha que era da Revolução Industrial e da máquina a vapor, vai alcançar mobilidade e abrangência condizentes com as novas conquistas da modernidade. Era, portanto, em que o fenômeno do gosto e do consumo ganha outra ênfase e varia conforme precisos sobressaltos, sabiamente manipulados por uma nascente indústria, que logo sopesa e registra um vasto horizonte de lucro.

As conquistas técnicas sucedem-se então com rapidez surpreendente. Entre elas, decisiva, a utilização racionalizada da máquina de costura, que tem início na Alemanha e nos jovens Estados Unidos, e cujo emprego, em escala industrial, é implementado no decênio 1860. A partir daí a Moda amplia os voos e os supostos "caprichos". Mercadeja com as disponibilidades das manufaturas de lã britânica e com o beneficiamento do algodão norte e sul-americano. (Degas pinta em 1873 o *Bureau de Coton à la Nouvelle-Orléans* em que a família dele tinha interesses.) Tem lugar atenta estruturação do mercado produtor e distribuidor – a instalação das *grands magasins*. Luxo que se torna descartável após cada estação, a dinâmica do negócio vai surpreender os próprios agenciadores com o vigor e a elasticidade do seu alcance.

Assim, a partir da "capital do século XIX" – portanto agora em nível de projeto planetário – essa operação vai logo ser coordenada por um novo personagem, que tem algo de demiúrgico: o estilista da roupa feminina. Esse recém-chegado, O Grande Costureiro, logo compõe um tipo e ocupa lugar no centro do palco da Moda. Temperamental e atrabiliário, quando não mesmo estudadamente insolente, assume com eficácia a situação de déspota do "gosto da estação". Esse protótipo arrivista aparece – e não será por acaso – durante o reinado de Napoleão III, monarca que (como ele) se fez por si mesmo a golpes de agudeza, pertinácia e finura oportunista. O patrono da nova classe será o famoso Worth, modista do círculo que gira em torno de Eugenia de Montijo, agora Imperatriz dos Franceses. O "fenômeno" mereceu uma página perplexa de registro nada menos do que do grave Hippolyte Taine.

De agora em diante, Paris vai dividir com Londres – que detém o primado da indumentária masculina desde o fim do Setecentos, quando estabelece as coordenadas do "bom tom" Jockey Club – as matrizes da indústria internacional da Moda, conforme o ritmo binário das roupas primavera-verão e outono-inverno. Não constituindo mais privilégio de casta, torna-se ela, na sociedade dita "democrática", a diferenciadora por excelência de status, além de signo certeiro de "contemporaneidade" cultural; a ela estarão umbilicalmente ligados os *happy-few* contíguos à informação em estado puro que significa dinheiro e poder. Agilmente manipulada conforme as coordenadas do consumismo, corolário da expansão industrial, a Moda torna-se adaptada ao grande público, com as gradações de qualidade e simplificação disso decorrentes. Estava, portanto, definido o seu ciclo enquanto conjuntura da modernidade.

Decidindo tornar-se historiógrafa das vestimentas e das suas variações registradas durante o século XIX, Gilda de Mello e Souza volta-se para o problemático "gosto geral da estação", passando-o pelo crivo fino da análise estética, psicológica e sociológica. Nos cinco movimentos deste ensaio ela trata de definir a coerência do fenômeno Moda, relacionando--o com a estrutura social, conforme os diferentes níveis problemáticos em que ela se apresenta. A serena segurança com que empreende a análise desses diversos significados deixa bem claro que ela aí está levando avante uma reflexão desenvolvida pouco a pouco, com atento cuidado intelectual. Partindo da consideração provisória da vestimenta enquanto linguagem artística possível, passa para a definição minuciosa do antagonismo visual das indumentárias dos dois sexos, imagem das oposições sociais vividas por estes, para, em seguida, embrenhar-se nas singularidades da cultura feminina e nas diferenças e antagonismos de classes que existem no interior desse mundo. O estudo conclui com o situar das roupas de gala na atmosfera rarefeita do regozijo e da festa, pois é no contexto desta última que a indumentária feminina alcança a sua latência máxima – pois é transmudando a prosa cotidiana do trajar em fantasia poética que o vestido cumpre plenamente o seu encargo transfigurador em relação à pessoa que veste.

Lembro-me perfeitamente do entusiasmo de Augusto Meyer, em 1954, ao concluir a leitura deste texto nas páginas da *Revista do Museu Paulista*. Comentando o desenvolvimento geral e passagens específicas do estudo, com o fervor que reservava para essas ocasiões de euforia intelectual, perguntava quem poderia ser a autora do trabalho, que julgava fora dos parâmetros do nosso ensaísmo, fosse pela originalidade da temática desenvolvida, fosse pela qualidade, equilíbrio e elegância do discurso. Realmente, a futura escritora de *O tupi e o alaúde* dava a medida do seu talento com esse "exercício de leitura" em que analisava e interpretava com transparência uma época tão ondulante e uma questão fugidia e complexa quanto a Moda. Monografia pioneira, que no primeiro estado apareceu comprimida numa publicação de circuito restrito, volta a circular com veste condigna, amplamente ilustrada, agora trazendo em epígrafe uma passagem do exuberante *Alfaiate remendado* de Thomas Carlyle – autor que, nesse texto curioso, devolve à tradição de Laurence Sterne um pouco do que aí bebeu Jean Paul Richter. Embora bem distante das abrangentes filosofanças humorísticas do carlyliano Professor Teufeldröckh, que discorre ali sobre a influência transcendental do traje e do mesmo tecido na história da humanidade, este *O espírito das roupas: A moda no século XIX* não consegue esconder, atrás da sobriedade sutil do texto expositivo, a sensibilidade literária perspicaz, impregnada de discreto senso de humor, que completa o límpido olhar crítico da autora.

Entre a veste-real e a veste-imagem (que são os dois terminais de leitura no sistema de significação da Moda, cujas leis internas Roland Barthes tratou de compilar em 1967) Gilda de Mello e Souza consegue recriar a veste-escrita com toda precisão de sua linguagem, que desenha para o leitor em traços definitivos uma apaixonante história das formas no século XIX.

Alexandre Eulalio

As Montesquieu wrote a Spirit of Laws, *observes our Professor, so could I write a* Spirit of Clothes [...]. *For neither in tailoring nor in legislation does man proceed by mere Accident, but the hand is ever guided on by mysterious operation of the mind.* \ Thomas Carlyle, *Sartor Resartus*

INTRODUÇÃO

O CONCEITO DE MODA, como sequência de variações constantes, de caráter coercitivo, é empregado pelos estudiosos da sociologia, da psicologia social ou da estética, em dois sentidos. No primeiro, mais vasto, abrange as transformações periódicas efetuadas nos diversos setores da atividade social, na política, na religião, na ciência, na estética – de tal forma que se poderia falar em modas políticas, religiosas, científicas e estéticas etc. É o ponto de vista de Gabriel Tarde. Charles Blondel chega a afirmar, por sua vez, que o fenômeno ocorre não só nas ideias mas na vida afetiva, pois se a sociedade fixa os nossos sentimentos não o faz de modo permanente mas através de sucessivas flutuações.[1] Steinmetz, contudo, critica estas conceituações muito largas, dizendo que as transformações na visão do mundo, no gosto, na religião ou na arte não pertencem à moda, embora também ocorram periodicamente. Falta-lhes em primeiro lugar o caráter de regularidade e, em segundo, o caráter compulsório, pois não atingem o grande público, que continua ligado à tradição.[2] Não cabe discutir aqui a procedência de tal crítica. No presente trabalho, tomamos o termo no segundo sentido, mais restrito, reservado às mudanças periódicas nos estilos de vestimenta e nos demais detalhes da ornamentação pessoal.

O senso comum baralha muitas vezes noções aproximadas que são irredutíveis. As transformações sucessivas por que passa a ornamentação do indivíduo – a vestimenta, o penteado, a máscara fisionômica – são frequentemente confundidas com o costume, o gosto, as manias, e uma distinção se impõe.

Todos os sociólogos concordam em que a moda se encontra em oposição aos costumes. Em *Les Lois de l'Imitation*, Tarde distingue ambos, dizendo que os costumes cultuam o passado, ligando-se assim à tradição, e a moda cultua o presente, adotando sempre a novidade.[3] Neueburger, por seu lado, observa que se "costumes e modas nascem dum mesmo complexo de necessidades, a moda é a forma mais sensível de vida".[4] Enfim, os costumes são tipos de comportamento social relativamente mais permanentes e, posto que mudem, acarretam uma participação menos ativa e consciente do indivíduo.

Quanto ao gosto, se a moda implica uma imposição do grupo e depende de um sentimento especial de aprovação coletiva, pois que é um fenômeno organizado, disciplinado e sancionado, o gosto representa uma escolha especial dentre muitas possibilidades. É verdade que, como observa Sapir, a escolha de cada um dependerá, em geral, de uma combinação dos dois elementos.[5]

As manias e as fúrias – *fads*, *crazes*, *hobbies* dos ingleses –, apesar de objetivamente semelhantes à moda, são mais pessoais, menos generalizadas, variando de *coterie* para *coterie* e só apresentando, portanto, o caráter de coerção dentro desses pequenos grupos. Além do mais, vêm sempre acompanhadas de um cunho de extravagância que provoca desaprovação.

A moda não é um fenômeno universal, mas próprio de certas sociedades e de certas épocas. De maneira geral, podemos dizer que os povos primitivos a desconhecem (talvez a grande significação religiosa e social atribuída à roupa e aos enfeites represente um empecilho às manifestações de mudança), que entre os gregos e romanos ela se limita a alguns setores, como a variação dos estilos de penteado, e que na Idade Média praticamente não existe.[6] É a partir do Renascimento, quando as cidades se expandem e a vida das cortes se organiza, que se acentua no Ocidente o interesse pelo traje e começa a acelerar-se o ritmo das mudanças. A aproximação em que vivem as pessoas na área urbana desenvolve, efetivamente, a excitabilidade nervosa, estimulando o desejo de competir e o hábito de imitar. Nas sociedades mais enfastiadas, por exemplo, o ambiente torna-se propício às inovações que, lançadas por um indivíduo ou um grupo de prestígio, logo se propagam de maneira mais ou menos coercitiva pelos grupos imitadores, temerosos de sentirem-se isolados. E se bem que a competição no início se efetue dentro de um grupo fechado, pois as leis suntuárias controlam o processo impedindo a participação nele das camadas inferiores da sociedade, aos poucos, devido às especulações do comércio ou da indústria, a riqueza e o nível social deixam de coincidir, os éditos se abrandam e a moda se alastra por um público mais vasto. Em Florença, por exemplo, onde as distinções de nascimento não conferiam mais privilégios especiais, o indivíduo via-se impelido a exceder-se sempre em sua aparência, variando sem cessar os estilos de decoração pessoal.

"Em nenhum país da Europa, desde a queda do Império Romano" – diz Burckhardt –, "teve-se tanto trabalho em modificar o rosto, a cor da pele, o crescimento dos cabelos, como na Itália daquele tempo."[7] O mesmo aconteceu na França quando, passada a dispersão da Idade Média, soberanos como Carlos VIII, Luís XII e sobretudo Francisco I chamaram para perto de si os súditos com suas mulheres e filhas. A partir de então a moda francesa começa a ter uma singular importância, que não passaria despercebida aos moralistas do século XVI ao XVIII, como Montaigne, La Bruyère, Fenelon, Montesquieu.[8] No século XVII a burguesia está lançada francamente na competição e no século XVIII "repontam todas as manifestações características da moda" tal como hoje a concebemos.[9] Contudo, é no século XIX, quando a democracia acaba de anular os privilégios de sangue, que a moda se espalha por todas as camadas e a competição, ferindo-se a todos os momentos, na rua, no passeio, nas visitas, nas estações de água, acelera a variação dos estilos, que mudam em espaços de tempo cada vez mais breves.

Circunscrevendo o nosso estudo ao século XIX, não o fizemos, portanto, levados por um impulso pessoal, por uma preferência arbitrária. O advento

Retrato de Carlo Dossi \ Tranquillo Cremona
Raccolta Cívica \ Como.

da burguesia e do industrialismo, dando origem a um novo estilo de vida; a democracia, tornando possível a participação de todas as camadas no processo, outrora apanágio das elites; as carreiras liberais e as profissões, desviando o interesse masculino da competição da moda, que passa a ser característica do grupo feminino – tudo isso tinha a vantagem de nos oferecer um período social bastante uno, de que a Revolução Francesa foi, de certa forma, o divisor de águas.

É verdade que grandes sociólogos, como Steinmetz, são favoráveis à visão atual do fenômeno, afirmando que devemos atentar para os fatos com os nossos próprios olhos.[10] Não participamos dessa maneira de pensar. A moda, como toda manifestação do gosto, é traiçoeira e, quando analisada de perto, esconde suas feições mais características, induzindo o observador ao erro. Colocados dentro do movimento que se processa, não conseguimos distinguir, na complexidade de um estilo, nem as li-

---
*O advento da burguesia e o prestígio crescente da carreira
desviam o interesse masculino da moda, que passa a ser característica
do grupo feminino.*

Retrato de Sonia Knips \ Gustav Klimt \ Osterreichische Galerie Viena, 1898.

nhas essenciais, nem o modo por que elas diferem do estilo anterior. Por outro lado, como as mudanças da moda ligam-se a transformações mais vastas e completas, do modo de ser, sentir e pensar de uma sociedade, o verdadeiro significado da sua franca adoção nos escapa.[11] O julgamento da moda atual – como o de qualquer manifestação artística que se desenvolve sob nossas vistas – é provisório e depende sempre de uma revisão futura, quando o afastamento no tempo, isentando-nos das coerções do momento, mostra-nos até onde a aceitação ou rejeição dos valores estéticos dependeu das condições sociais.

A estas razões acresciam outras de ordem técnica. Pois se o estudo dos trajes sempre será possível através dos baixos-relevos, das iluminuras e tapeçarias medievais, dos desenhos e da pintura a partir do século XV, estas fontes de informação só podem ser aceitas com alguma reserva. Em qualquer dos casos teremos que levar em conta o temperamento do artista, que muitas vezes deforma a realidade, o efeito do tempo apagando as cores, a dificuldade de precisar as datas, que torna a identificação das épocas muito laboriosa etc. Nem sempre a moda que o quadro estampa é a do período em que foi pintado. Reynolds, por exemplo, parece ter criado para seus modelos uma vestimenta fantasiosa; e Gainsborough, ter resistido, no seu último período, a transportar para a tela a saia-balão.[12] Ora, o século XIX anula de certa forma todas essas dificuldades, fornecendo-nos a prancha colorida de modas e a fotografia. Pois se a primeira revela aos nossos olhos a estrutura básica do modelo e é um guia orientando a costureira, a segunda reflete a maneira por que o mesmo foi adotado e qual o aspecto que assumia sobre o corpo do portador. Com estes dois elementos controladores podemos agora, sem medo de cair em falsas deduções, servir-nos da vasta documentação pictórica, recorrer a Ingres, Krüger, David, Winterhalter, Menzel, Manet; às litografias, desenhos e gravuras de Deboucourt, Vernet, Deveria, Gavarni, Constantin Guys; às caricaturas de Grandville, Cruikshank e Du Maurier. É verdade que o panorama que teremos será sempre um pouco estático, e para completá-lo seremos obrigados a lançar mão das observações do sociólogo, das crônicas do jornal e, principalmente, do testemunho dos romancistas, cuja sensibilidade aguda capta melhor que ninguém, nos meios elegantes, o acordo da matéria com a forma, da roupa com o movimento, enfim, a perfeita simbiose em que a mulher vive com a moda. Thackeray, Balzac, Proust e os nossos romancistas brasileiros, Alencar, Macedo e Machado de Assis, dão-nos a visão dinâmica que nos faltava.

Mas não só limitamos o nosso campo ao século XIX como nos colocamos num ponto de vista determinado, focalizando apenas alguns aspectos de um dos mais sugestivos fenômenos sociais. Nosso propósito, agindo assim, foi substituir um estudo panorâmico por outro que penetrasse mais fundo em certos detalhes essenciais. As mudanças da moda dependem da cultura e dos ideais de uma época. Sob a rígida organização das sociedades, fluem anseios psíquicos subterrâneos de que a moda pressente a direção. Na sociedade democrática do século XIX, quando os desejos de prestígio se avolumam e crescem as necessidades de distinção e de liderança, a moda encontrará recursos infinitos de torná-los visíveis. Por outro lado, quando a curiosidade sexual se contém sob o puritanismo dos costumes de uma sociedade burguesa, a moda descobrirá meios de, sem ofender a moral reinante, satisfazer um impulso reprimido. Limitando-nos à ligação da moda com a divisão em classes e a divisão sexual da sociedade, acreditamos ter abordado os seus aspectos fundamentais.

A MODA COMO ARTE

Maria Dulce Magalhães Pinto Alves \ Fotografia Carlos Hoenen
São Paulo.

A MAIOR DIFICULDADE ao tratar um assunto complexo como a moda é a escolha do ponto de vista. E se bem que esta seja uma imposição necessária de método, nossa visão como que se empobrece ao encararmos um fenômeno de tão difícil explicação unilateral com os olhos ou do sociólogo, ou do psicólogo, ou do esteta. A moda é um todo harmonioso e mais ou menos indissolúvel. Serve à estrutura social, acentuando a divisão em classes; reconcilia o conflito entre o impulso individualizador de cada um de nós (necessidade de afirmação como pessoa) e o socializador (necessidade de afirmação como membro do grupo); exprime ideias e sentimentos, pois é uma linguagem que se traduz em termos artísticos. Ora, esta expressão artística de uma linguagem social ou psicológica – o aspecto menos explorado da moda – talvez seja uma de suas faces mais apaixonantes. Não é o ponto de vista em que nos colocamos no decorrer de nossa dissertação; contudo achamos necessário, antes de abordar a moda do ângulo que escolhemos, fazer algumas considerações preliminares, essenciais para a compreensão do problema.

É a moda uma arte? Pode haver quem considere de extrema futilidade esta pergunta. Como chamar de arte um fenômeno sensível às mais leves transformações do gosto, intimamente ligado às elites do dinheiro, manobrado livremente por meia dúzia de homens de talento, cujo mérito principal é conhecer a fraqueza humana e a fraqueza feminina em particular? Se a moda é uma arte, hão de nos objetar, se a roupa masculina ou feminina, o chapéu, o penteado, os acessórios da elegância, enfim, constituem um ramo da Arte, também deverão ser objeto da atenção do esteta os

Pranchas de moda do *Petit Courrier des Dames* \ c. 1830.

variados modelos de automóveis lançados, como a vestimenta, depois do bombardeio de uma propaganda dirigida e, como a vestimenta, diferentes em cada estação. A moda poderia ter sido arte, antes do advento da era industrial, que a transformou numa sólida organização econômica, numa "organização do desperdício", bastante característica de uma sociedade plutocrata.[1] Hoje ela seria uma pseudoarte, um monopólio, cada produtor tendo exclusividade sobre as suas criações, e variando-as apenas nos detalhes, de tempos em tempos. O elemento artístico estaria, assim, relegado para segundo plano, e o que importa é esse

> jogo de reforçar a ignorância do consumidor, afastando o pensamento do preço do material, do artesanato e da durabilidade, encorajando o gasto na produção, impedindo o desenvolvimento independente do gosto do público, acostumando-o no hábito de seguir certos árbitros em vez de repousar em seus próprios valores estéticos.[2]

Redingote en drap imperméable doublée en serge anglaise.
Pantalon maringo grafé devant.
Robe d'organdi brodée. Fichu de tulle. Chapeau de paille de riz orné de fleurs des champs. c 1830.

Não há dúvida. Tais problemas existem hoje e não existiram sempre. Decorrem da junção da moda com o industrialismo e, portanto, das facilidades da propaganda e da fabricação em série; decorrem ainda da democracia, da participação de um público muito mais numeroso no consumo da moda e muito menos exigente. Mas em nada ou quase nada afetaram-na como arte, pois a moda não é a única manifestação estética que se apoia na propaganda. Atualmente, em todos os setores artísticos

> a influência da crítica desinteressada é contrabalançada pela influência do reclame, que considera as obras de arte como obras comerciais, lançadas do mesmo modo e segundo os mesmos processos de outros produtos.[3]

Antes do aparecimento do filme, do romance ou da peça de teatro, a imprensa e o cartaz já terão preparado a atmosfera emocional que vai, certamente, assegurar o sucesso editorial ou de bilheteria.

Colocado na encruzilhada entre as solicitações do público e o impulso artístico, o criador de modas, mais do que qualquer outro criador, terá, não há dúvida, de alertar sua sensibilidade para o momento social e pressentir os esgotamentos estéticos em vias de se processar. É um grave erro dizer que o costureiro força o sentido da moda. "Nenhum produtor apresenta um produto sem que o público a que ele se endereça o tenha solicitado", afirma Steinmetz.[4] Como o poeta, ele é apenas o porta-voz de uma corrente que se esboça e cuja tomada de consciência antecipa.

Assim, quando mal terminada a Segunda Guerra Mundial Christian Dior lançou, no meio dos sofrimentos agudos que ainda atormentavam o mundo, as suas saias espetaculares de exuberante metragem, não o fez levado por um capricho, mas pelo pressentimento genial de que um novo público estava em vias de se formar. A audácia do grande costureiro assombrou seus próprios colegas. No entanto, como uma torrente a que se abriam os diques, as mulheres arremessaram-se impetuosamente ao novo estilo de vestimenta que, fantasioso e muito caro, não só rompia a insipidez da cômoda moda norte-

Chaminés de fábricas e chapéus masculinos \ meados do século XIX.

-americana e dos uniformes a que os serviços auxiliares haviam-nas condenado, como satisfazia a necessidade urgente de afirmação de um grupo enriquecido de pouco nos lucros extraordinários. Para a grande maioria, sufocada sob as privações de toda a sorte, quando faltavam o carvão e o alimento, as anáguas bordadas, as blusas de gola alta, representavam a evasão do sonho.[5] Ressuscitando as roupas como que se forçava a volta ao passado e à doçura de viver. Logo os demais costureiros seguem a trilha de Dior, e o sucesso do *new look*, assim como desperta novamente o público para a competição da moda, desvia o eixo da alta costura dos Estados Unidos para a França. Porém, se o momento social não fosse propício ao golpe, o novo estilo teria fracassado, à semelhança de outros na história da vestimenta, como o desastroso lançamento das *jupes-culottes*, na primavera de 1910, a que Lalo se refere.[6]

Se a moda depende das condições sociais e utiliza em larga escala – convenhamos – a propaganda e as técnicas da indústria, nem por isso deixa de ser uma arte. No jogo entre o modista e o freguês encontramos

*Uma relação profunda une as formas da arquitetura
e as que se estampam na moda.*

Cúpula do Palácio de Cristal (Paxton) e *charge sobre a crinolina* \ c. 1851.

apenas, de maneira mais nítida e mais necessária, a ligação entre o produtor e o consumidor de arte. Mas hoje como ontem, fechado em seu estúdio, o costureiro, ao criar um modelo, resolve problemas de equilíbrio de volumes, de linhas, de cores, de ritmos. Como o escultor ou pintor ele procura, portanto, uma Forma que é a medida do espaço e que, segundo Focillon, é o único elemento que devemos considerar na obra de arte.[7] Harmoniza o drapeado de uma saia com o talhe das mangas, traçando um "conjunto coerente de formas unidas por uma conveniência recíproca".[8] Respeita o destino da matéria, a sua "vocação formal", descobrindo aquela perfeita adequação entre a cor e a consistência do tecido e as linhas gerais do modelo. Como qualquer artista o criador de modas inscreve-se dentro do mundo das Formas. E, portanto, dentro da Arte.

As unidades básicas da moda são, como vemos, as mesmas das demais artes do espaço, e por isso é possível que, independente da vida efêmera e dos objetivos mais imediatos, se ligue de alguma maneira às correntes estéticas de seu tempo. Principalmente à arquitetura e à pintura.

É esta conexão que tenta descobrir Gerald Heard, num pequeno ensaio *Narcissus: an Anatomy of Clothes*, demonstrando a profunda relação existente entre as formas que a arquitetura de uma época determinada utiliza e as formas estampadas na moda.[9] Transferindo para a estética o ponto de vista evolucionista, parte do princípio de que as formas têm uma vida autônoma e evoluem segundo uma trajetória inevitável. Em determinado momento, portanto, as artes apoderar-se-iam de uma Forma que estaria no ar e que se fixaria primeiro na arquitetura e logo a seguir na vestimenta. Assim, uma geração depois do aparecimento do gótico, em 1175, começamos a apreciar as primeiras aplicações da forma gótica na vestimenta, a ogiva e o sapato pontiagudo avançando juntos.[10] Terminando o período gótico, havendo a forma evoluído do ângulo gótico ao Tudor, deparamos com um estilo quadrado na arquitetura e na vestimenta; temos então o arco Tudor, o gorro e os sapatos de Henrique VII, o pelote de mangas tufadas de Henrique VIII.

A conexão se efetua de tal maneira que "as extravagâncias da arquitetura encontram-se, passo a passo, traduzidas nas roupas masculinas".[11]

O advento da era industrial não destruirá a correspondência e o século XIX irá explorar a forma cilíndrica. Os temas invariáveis do industrialismo, abóbadas, túneis, reservatórios de gás, chaminés de fábricas, imprimem-se no subconsciente e o homem também se torna cilíndrico, com suas calças, cartola e sobrecasaca. "A arquitetura afetou a roupa, as roupas modificaram a anatomia."[12]

O mesmo ponto de vista – parece que muito ao gosto do espírito inglês, pois William Morris já exclamava: "Como um povo que usa tais roupas pode pretender uma boa arquitetura?" – é de certo modo retomado por James Laver[13] e Willet Cunnington.[14] Cada época, diz o primeiro, possui suas unidades estéticas básicas, que se refletem nas diversas artes contemporâneas. Assim, no fim do século XIX encontramos uma evidente semelhança formal entre o desenho de uma blusa e o de um quebra-luz,[15] ou, diz o

1. Photographisches Atelier. J. F. Lau \ Lübeck.
2. Fotógrafo T. W. Hermann \ Hamburgo.

segundo, entre a linha da saia e os cálices (invertidos) da era isabelina, entre a saia tubular da Regência e a taça de champanha – sendo que esta vai se expandir em 1830, acompanhando o alargamento daquela.[16] No entanto, se para Heard a evolução se efetua da arquitetura para as roupas,[17] Laver, ao contrário, vê na moda uma precursora do gosto que irá, em seguida, imperar na decoração interior da casa e só por último atingir a arquitetura.[18] A ideia deve ser aceita com alguma reserva, aconselha o próprio autor, mas se analisarmos o fenômeno do "funcionalismo"[19] veremos que ele se apresentou primeiro na vestimenta entre os anos de 1926 e 1930 – saias muito curtas, linhas retas e cabelos cortados –, mais tarde na decoração dos interiores, com a extrema rigidez das linhas, a mania das mobílias de aço, dos tapetes de cores unidas, só surgindo na arquitetura por volta de 1930, quando os vestidos já começam a voltar à curva.[20]

O homem do século XIX compõe com a vestimenta – calças, cartola e sobrecasaca – uma estrutura cilíndrica.

1. *Fotografia de 1885 sublinhando as linhas da vestimenta feminina e do canapé*
2. *Dama com a Rosa* \ Belmiro de Almeida \ óleo sobre tela, 196 x 96 cm \ Museu Nacional de Belas Artes \ Rio de Janeiro, c. 1905

O ensaio de Heard, as afirmações de Laver e de Cunnington não abrem novas perspectivas para a estética. Derivam da concepção do *Zeitgeist*, do "espírito de uma época", que "determina cada detalhe de nossas vidas, os próprios gestos, os torneios de frase e mesmo os pensamentos".[21] Continuam ainda as pesquisas preconizadas pelo método de Taine da "ligação das coisas simultâneas", aqui restringidas às manifestações plásticas, o que torna as generalizações menos arriscadas.

Mas se a moda mantém com a escultura um certo vínculo, é possível que também se relacione com a pintura. É nas telas do passado que, frequentemente, o costureiro procura inspiração, e ainda há pouco atraves-

*No final do século XIX,
a silhueta feminina se expande em formas sinuosas.*

samos um período de nítida influência pictórica, quando a todo momento, na rua, no salão de chá, no teatro, deparávamos com figuras saídas dos quadros de Renoir, em que nem o pequeno regalo estava ausente.

Outras vezes, porém, não é de maneira indireta mas efetiva que a pintura colabora com a moda, interferindo no esquema cromático, fornecendo motivos para os acessórios, ou para a estamparia dos tecidos. Charles Lalo nega que as duas evoluções sejam solidárias, lembrando que "a predominância da cor sobre a forma, que caracteriza a pintura moderna desde os românticos, corresponde à discrição crescente da cor na vestimenta, em especial na dos homens, cujo traje moderno acabou reduzindo-se uniformemente ao preto e branco". E acrescenta: "É problemático que tenha havido alguma influência do pontilhismo nos tecidos pintalgados de antes da guerra".[22]

Contudo, Lalo apenas manifesta a sua dúvida, não nos fornecendo nenhuma prova positiva que a fortifique. Pois se houve, na verdade, um desinteresse grande pela cor, assistimos hoje em dia ao renascimento do colorido, que atinge a própria indumentária masculina, expandindo-se nas gravatas, nos *pullovers*, na roupa esportiva em geral. Além disso, chamado a participar ativamente das manifestações artísticas menores, o criador aplica os seus princípios teóricos não só na obra de arte desinteressada, de mais difícil aquisição, mas na propaganda e na indústria, aceitando encomendas de cartazes, capas de livros e desenhos de tecidos. Ainda agora vemos a indústria têxtil norte-americana arregimentar em torno de certas firmas, como a *Onondoga Silk Company* e a *Scalamandré Silk Incorporation*, conhecidos nomes da pintura.[23] A mulher poderá assim atar ao pescoço uma echarpe fantasmal de Salvador Dali,[24] ou deixar correr sobre o seu corpo os fogosos cavalinhos de De Chirico, assustados pela voz do oráculo.[25]

No entanto, às vezes os papéis se invertem, e a arte menor, interessada, influencia a grande Arte, a vestimenta transformando a composição do quadro.

A moda sempre foi um pretexto para a pintura, impondo, como a natureza, as suas formas ao artista. E se houve épocas em que o pintor preferiu inspirar-se no corpo nu – e temos as cenas lendárias de David –, outras vezes pendeu para a "humanidade artificial" do corpo vestido, como nas telas da Escola de Clouet representando bailes na corte de Henrique III,[26] para essa "humanidade sucessivamente heráldica, teatral, feérica, arquitetural".[27] Então não é o sinuoso equilíbrio do corpo natural que o pintor elege como matéria e transpõe para o quadro (barroco), mas o equilíbrio feito de oposições (século XV italiano) em que o interesse da composição está no contraste entre as linhas ascendentes dos penteados e as linhas descendentes das suntuosas mangas em forma de asa.[28] Os retratos femininos desta época como que estão sujeitos à pompa do toucado. O rosto, na totalidade das vezes de perfil, destacando-se sobre um fundo geralmente escuro e unido, limita-se acima pela composição elaborada do penteado, abaixo pelo luxuoso e pesado tecido do vestido.[29] Admirável exemplo dessa técnica é o *Retrato de senhora* de Pisanello, em que o interesse todo do quadro se concentra não no portentoso rolo estofado e chapeado de ilhoses, que contorna a cabeça, nem na túnica de veludo, azul e ouro, mas no rosto muito nítido e simples para onde o nosso olhar é conduzido através de um hábil jogo de linhas: os semicírculos de contas de filigrana do colar combinam-se com o semicírculo em sentido oposto do turbante, a elaboração inferior e a elaboração superior do quadro levando-nos para a zona de interesse – a face pálida de perfil.[30] Aqui, a colocação do rosto concorda maravilhosamente com a linha do turbante e o ritmo dos colares. Já no conhecido *Retrato de senhora* de Roger Van der Weyden, a visão ótima é de três quartos, dada a importância não só das tranças, puxadas para o alto da cabeça, mas, principalmente, dos véus que emolduram o rosto e ditam o tema de construção do quadro, todo em ângulos agudos.[31]

Outras vezes, porém, a vestimenta, além de servir à composição, pode auxiliar a criação da atmosfera.

1. *Retrato de senhora* \ Roger van der Weyden \ c. 1455.
2. *Retrato de senhora* \ Pisanello \ National Gallery of Art \ Washington 1410 / 1420.

Esses diversos arranjos – diz Focillon – sempre encontraram um certo tipo de pintores propositadamente costumistas, e aqueles que permaneciam pouco sensíveis às metamorfoses efetuadas pela roupa, na medida em que afetam o corpo todo, eram-no extremamente à decoração dos tecidos. É o caso de Botticelli e ainda de Van Eyck. O enorme chapéu de Arnolfini, sobre sua cabeça atenta, pálida e pontuda, não é um chapéu qualquer. Na tarde infinita, suspensa no tempo, onde o chanceler Rollin está orando, as flores brocadas de seu manto ajudam a criar a magia do lugar e do instante.[32]

Existem, porém, certas artes menores a que a moda se submete intimamente, com elas formando um todo único: são as artes rítmicas. Na verdade, é o movimento, a conquista do espaço, que distingue a moda das outras artes e a torna uma forma estética específica. Quando falamos da beleza de um quadro, de uma estátua ou de um edifício, fazemos por assim dizer um julgamento estático. Se bem que todos vivam em relação

Os retratos femininos dessa época estão como que sujeitos à pompa do toucado.

com o ambiente – os largos painéis das igrejas comunicando-se entre si pelo ritmo dos panejamentos e a harmonia ou oposição das cores; as figuras de pedra ou mármore encaixando-se umas nas outras; as lisas superfícies arquitetônicas completando-se com os jardins ásperos e tropicais –, se bem que tais obras vivam e só devam ser julgadas nessa harmonia com o exterior, também podem ser encaradas em si, sem perder nada de sua essência, no equilíbrio interno das linhas, das cores, dos volumes. Tal não se dá porém com a moda. Arte por excelência de compromisso, o traje não existe independente do movimento, pois está sujeito ao gesto, e a cada volta do corpo ou ondular dos membros é a figura total que se recompõe, afetando novas formas e tentando novos equilíbrios. Enquanto o quadro só pode ser visto de frente e a estátua nos oferece sempre a sua face parada, a vestimenta vive na plenitude não só do colorido, mas do movimento. Este acrescenta ao repouso qualquer coisa que nele já estava contido, mas que, apenas agora, subitamente irrompe. E a emoção que a ruptura provoca em nós é semelhante à surpresa do riso repentino em um rosto imóvel:

> Com efeito, cruzada sobre a saia de crepe-da-china cinza, a jaqueta de cheviote cinzento levava a crer que Albertina estava toda de cinza. Mas fazendo-me sinal para ajudá-la, porque suas mangas bufantes precisavam ser achatadas ou suspensas ao vestir ou retirar a jaqueta, ela despiu-a, e como as mangas eram de um escocês muito doce, rosa, azul pálido, peito de pombo, foi como se num céu cinzento se tivesse formado um arco-íris.[33]

Assim como para julgarmos a beleza de um rosto não podemos separar o acordo das linhas da expressão que o animam – tantos rostos sendo belos por possuírem exatamente essa beleza de expressão –, para que a vestimenta exista como arte é necessário que entre ela e a pessoa humana se estabeleça aquele elo de identidade e concordância que é a essência da elegância. Recompondo-se a cada momento, jogando com o imprevisto, dependendo do gesto, é a moda a mais viva, a mais humana das artes.

O quadro que compramos e que se transfere do estúdio do artista à parede de nossa sala de alguma forma permanece-nos exterior e em nada o alteramos. Mas o vestido que escolhemos atentamente na modista ou no *magasin bon marché* não tem moldura alguma que o contenha e nós completamos com o corpo, o colorido, os gestos, a obra que o artista nos confiou inacabada:

> Ela trazia agora vestidos mais leves, ou pelo menos mais claros e descia a rua onde, como se já fosse a primavera, em frente das lojas estreitas intercaladas nas vastas fachadas de velhas casas aristocráticas, no terraço da leiteria, frutas, legumes e cortinas se estendiam ao sol. Eu ficava imaginando que a mulher que eu via passar ao longe, abrindo a sombrinha, atravessando a rua era, na opinião dos peritos, a maior artista atual na arte de realizar esses movimentos e transformá-los numa coisa deliciosa. Ignorante dessa reputação esparsa, ela prosseguia e o corpo estreito, refratário, que nada havia absorvido, arqueava-se obliquamente sob uma echarpe de seda violeta; os olhos claros e enfastiados olhavam para a frente distraídos e talvez me tivessem visto; ela mordia o canto do lábio; eu a observava endireitar o regalo, dar esmola a um pobre, comprar um maço de violetas de uma vendedora, com a mesma curiosidade que teria olhando um grande pintor dar pinceladas. E quando passando por mim ela fazia um cumprimento ao qual se ajustava, às vezes, um leve sorriso, era como se tivesse executado, acrescentando-lhe a dedicatória, a obra-prima de uma aguada.[34]

Foi inserindo o movimento entre os princípios estéticos definidores da moda que Cunnington, num dos seus livros, procurou encará-la como arte autônoma que tenta, com a mesma dignidade das outras artes do espaço, solucionar problemas e ultrapassar dificuldades técnicas, encontrando para si uma linguagem própria.[35] Pois se para julgarmos um quadro podemos considerar apenas seus elementos estéticos, o equilíbrio das cores e volumes, a composição e o desenho – descuidando daqueles que, presos às injunções do lugar e do momento variam constantemente, como o assunto –, para julgarmos a vestimenta também podemos escolher um ângulo especificamente artístico. Deste ponto de vista, os principais aspectos da vestimenta seriam a forma, a cor, o tecido e a mobilidade; da conjugação dos quatro componentes nasceria a obra de arte, embora cada um deles pudesse ser focalizado isoladamente, com seus problemas e soluções. Vejamos em primeiro lugar a Forma.

A história do vestuário mostra que a roupa se tem construído em torno de três tipos de eixo: o reto, o angular e o curvo.[36] Tais tipos possuem, no entanto, duas variantes, o eixo reto podendo ser vertical ou horizontal, o angular podendo ser obtuso ou agudo, o curvo podendo ser circular ou elíptico.[37] Estes seriam os eixos básicos, que tanto encontramos nas formas simples como nas compostas, isto é, combinados uns com os outros. Assim, a crinolina vitoriana, cujo eixo pode ser esquematicamente representado por um Y invertido, seria uma combinação de um eixo vertical com um eixo angular – o ângulo sendo às vezes obtuso. Um vestido de 1895, de mangas enormes e saia nesgada, representaria outro eixo combinado, a parte superior sendo semicircular e a inferior um ângulo agudo.

Dentro dessa "geometria" seria possível saber quais as combinações ótimas, isto é, descobrir matematicamente a "boa linha". Eis as regras estipuladas pelo autor:

1. Se o eixo é composto, as linhas retas devem unir-se a ângulos e não a curvas (pois sendo de qualidade diferente a combinação resultaria chocante). Por outro lado, o semicírculo e as curvas elípticas combinam admiravelmente, como atestam os vestidos eduardinos.

2. O tipo de eixo deve acentuar o sexo a que pertence o portador. Um eixo vertical mais um horizontal dá, mesmo a um vestido feminino, uma aparência masculina – é a forma em H. Ao contrário, um eixo de linhas curvas combinadas empresta, mesmo à roupa masculina, um ar efeminado, como no retrato de Alfred D'Orsay.

3. Cada tipo de eixo deve exibir, numa vestimenta, os dois opostos: vertical-horizontal, agudo-obtuso, circular-elíptico. Pois é forçoso que o traje apresente altura e

largura em proporções correspondentes, as linhas verticais, os ângulos agudos e as curvas elípticas dando ênfase à altura, enquanto seus respectivos opostos dão ênfase à largura.

4. O desenho deve anunciar o tipo de eixo que o estrutura e repeti-lo noutras partes da vestimenta, ou nos enfeites. Um eixo impreciso desnorteia o observador; um eixo sobrecarregado pode cansá-lo.

Quanto ao equilíbrio total da figura, julgamo-lo através da posição do diâmetro maior. Se ele está acima do nível médio da vestimenta – na moda de 1912, de vestidos justos ao corpo e chapéus enormes de abas grandes e capas volumosas –, a figura é desequilibrada. É verdade que existem vários recursos para restabelecer o equilíbrio, tais como acrescentar traços pesados à altura dos pés ou distribuir as cores em massas escuras, que sugiram peso, na parte inferior etc.

A Cor vem, em importância, logo depois da Forma, tendo às vezes (como aliás na pintura) mais relevo que esta última. Pode ser utilizada em combinações, chegando ao esquema policrômico. O uso medieval dispunha a cor em simples massas de contrastes crus; já o Renascimento consegue uma complexidade muito grande de combinações, chegando ao esquema policrômico do século XVI. E se o século XVII utiliza as cores violentas, o século XVIII serve-se das cores harmoniosas.

A utilização da Cor visa a certos fins que poderemos classificar:

1. Aumentar ou diminuir o peso aparente e o tamanho de uma região, as cores escuras tendendo a aumentar o primeiro e reduzir o segundo, as claras produzindo efeito contrário.

2. Tornar uma região menos evidente através de tons escuros e superfícies opacas.

3. Afetar o tom emocional da vestimenta toda, pois que as cores têm um significado simbólico e podem atrair, repelir ou esposar os nossos sentimentos.

4. Conduzir o olhar numa determinada direção por meio de ângulos coloridos, enfeites angulares etc.

5. Produzir ilusão de ótica, as linhas verticais aumentando a altura, as horizontais, a largura.

A história da vestimenta mostra que do século XIX para cá houve um crescente desinteresse pela cor, o qual afetou em primeiro lugar a roupa masculina e já neste século a feminina. "A vestimenta está se transformando de quadro em edifício e o pintor dando lugar ao arquiteto."[38]

O Tecido, por sua vez, encontra-se em relação íntima com a Cor e pode, conforme a consistência, a disposição das fibras, o processo por que foi tratado, afetar a luminosidade do colorido, avivar o tom pelo brilho ou reduzi-lo pela opacidade. Alguns possuem, mesmo, um alto grau de resplendor, como o cetim.

Do mesmo modo que o esquema cromático, a fazenda pode ser utilizada para atrair a atenção sobre certas regiões, os materiais mais ásperos sendo empregados nas partes mais apagadas, os mais finos nas regiões mais atraentes.

O problema da mobilidade foi, talvez, o que se levou mais tempo para resolver. A história do costume mostra que, nesse sentido, a evolução foi feita da imobilidade para a mobilidade crescente, o corpo evoluindo do bloco total para a libertação dos membros. A necessidade de facilitar o movimento das pernas e dos braços veio colocar a arte da vestimenta diante de sérias dificuldades, como seja o problema das juntas móveis, bastante descurado.[39] Aqui a solução era mais artesanal que artística. Ora, o bom corte data de dois séculos apenas, e só de lá para cá foi possível resolver problemas como a junção da manga na cava — um dos mais sérios da manufatura das roupas — através de um corte que libertasse os membros superiores, ao mesmo tempo que desse ao todo a impressão de bem-acabado. Esta conquista recente lançou a arte da vestimenta num caminho novo, pois se antigamente o costureiro podia planejar uma estrutura sem levar em conta a possibilidade dela ser modificada pelo gesto, hoje é a própria mobilidade que dita o desenho dos trajes.

Como vemos, é possível retirar de Cunnington o esboço de uma teoria artística da vestimenta. No entanto, como o objetivo do conselheiro do

Museu de Manchester foi encarar a moda como arte viva, estudando a história do costume inglês, não deixou de levar em conta a influência da sociedade, de tal forma que o seu livro é, ao mesmo tempo, um esforço para demonstrar a autonomia da moda como arte e uma prova da sua inevitável sujeição às condições sociais.

> A arte da vestimenta – diz ele – está intimamente associada aos princípios morais, um importante aspecto dos quais representa, por assim dizer, pictoricamente. Suas incursões, como uma forma de arte que explora novos modos de expressão, se encontram limitadas pelas convenções da época.

Ao mesmo tempo, acentua a interferência da religião e especialmente da Igreja, "levantando-se contra a tendência muito humana de utilizar essa arte na intensificação dos interesses que os sexos nutrem um pelo outro", lembrando as investidas, na Idade Média, contra aqueles estilos que, aos seus olhos, se apresentavam como "muito inflamadores". A própria diferenciação entre a vestimenta masculina e feminina, que se intensifica a partir do século XIV, explicar-se-ia, para Cunnington, de um lado pelo relaxamento do domínio da Igreja e de outro pela libertação das mulheres que, começando a ter direito na escolha do companheiro, interessam-se cada vez mais pelos elementos de atração sexual.[40]

A essas observações, feitas pelo próprio autor, poderíamos acrescentar que a sociedade não só impõe, a partir de um determinado momento, uma forma feminina e outra masculina, como também se insinua na escolha da mesma – H para homem, X para mulheres –, a diversificação formal traduzindo o antagonismo dos ideais de masculinidade e de feminilidade e não uma caprichosa imposição estética. Assim é que, variando os conteúdos que simbolizam, as formas variam de maneira paralela. A vigorosa vestimenta masculina do século XVI, que ampliava desmesuradamente o tronco – de tal modo que, para recuperar o equilíbrio do conjunto, os artistas viam-se obrigados a pintar os seus modelos com as

1. *Possivelmente Marina Souza Aranha Dellamare* \ Foto Wollsack \ 1909-1910.
2. *Albertina (Belita) Guedes Nogueira* \ Foto W. Kuntz e Müller\ Baden-Baden, 1909.

pernas abertas –,⁴¹ evoluindo para os gibões colantes, as meias bordadas e os sapatos femininos do início do século XVII, apenas reflete a transformação do conceito rude de virilidade no ideal gracioso do gentil-homem.

Por outro lado, não é sempre que a moda se enquadra dentro dos princípios estéticos da forma. A história do traje fornece-nos inúmeros exemplos de estilos feios e desequilibrados, como a moda de 1912, citada por Cunnington, em que a enormidade dos chapéus desabava sobre os cor-

Entre 1911 e 1912
a enormidade dos chapéus desabava sobre os corpos estreitos.

pos estreitos, cerrados nas saias exíguas; como por volta de 1923, quando o cinto, dividindo a figura muito em baixo, dava lugar a uma proporção infeliz. Contudo tais estilos se difundiram, o que prova a relatividade do elemento artístico num fenômeno social como a moda. A forma não corresponde, pois, a uma preferência arbitrária ou estética, mas é imposta quer pela tradição, quer pelas condições sociais, o mesmo acontecendo com as cores e os tecidos, cuja escolha independe do capricho individual, sendo numa larga medida sancionada pela sociedade.

Com efeito, ao mesmo tempo em que traduz a necessidade do adorno, a moda corresponde ao desejo de distinção social. A maior parte das leis suntuárias atesta a intenção, entre os reis que a editavam, de manter as distinções de classe sobre as quais a sociedade repousava. As sedas, as peliças, as correntes de ouro, são privativas de certas camadas, encontrando-se interditas às demais.[42] No édito de Henrique II da França, em 1549, por exemplo,

> apenas os príncipes e as princesas podem vestir-se de carmesim; os gentis-homens e suas esposas só têm o direito de utilizar essa cor nas peças mais escondidas; às mulheres da classe média só é permitido o uso do veludo nas costas ou nas mangas; aos maridos, proíbe-se o seu emprego nas vestes superiores, a não ser que as inferiores sejam de pano; às pessoas que se dedicam aos ofícios e aos habitantes do campo, a seda é interdita, mesmo como acessório.[43]

Além disso, a própria distribuição das cores em massas isoladas e contrastantes, como na Idade Média, visava a certos objetivos utilitários – agora é Cunnington quem o afirma –, como a necessidade de, em más condições de iluminação, distinguir de longe a ocupação e o nível das pessoas. O Renascimento, melhorando as condições de luz dos prédios, modificou o esquema cromático e a sensibilidade se tornou mais aguda na escolha dos matizes. O século XVII ainda demonstra um pendor pelas oposições violentas, mas com a vida de salão do século XVIII prevalece a tendência à harmonia. Portanto, a utilização da cor não deriva apenas de critérios estéticos, mas está intimamente ligada à estratificação social e à evolução da técnica.

Quanto à inércia demonstrada pela arte da vestimenta em resolver os problemas da mobilidade, ainda se explica, a nosso ver, pelas condições sociais.

> O bom corte da roupa masculina – diz Cunnington – começa a surgir no século XVIII, e o da feminina data de cem anos apenas. Qual a razão desse atraso? A resposta parece clara: até então a roupa não era feita para dar comodidade – talvez porque os alfaiates não possuíssem a necessária perícia.[44]

O problema, no entanto, está mal colocado, pois a deficiência das técnicas de manufatura, longe de ser a causa, deriva das condições sociais. A roupa incômoda exprimia, naquela época, tanto quanto a rica ornamentação, uma prerrogativa de classe. Era uma prova visível, oferecida a todos, de que o portador, não se dedicando aos trabalhos manuais, desprezava o desembaraço dos membros e o conforto das vestes. O seu caráter distintivo sobrepunha-se de tal forma ao seu caráter funcional que um cavalheiro do século XV, de vida muito pouco sedentária, não se opunha ao uso dos sapatos em bico com calcetas reviradas, nem um isabelino, aos sufocantes gibões justos de golas em canudos. Foi necessário operar-se uma revolução nos espíritos e, com a vida dos salões, a mobilidade transformar-se por sua vez em distinção de classe, para que os costureiros buscassem o aperfeiçoamento do corte.

Pois na verdade, se o movimento está completamente ausente do século XVI, onde a pessoa nos dá a impressão de entalada dentro de uma estrutura rígida,[45] e se essa imobilidade perdura, pelo século XVII afora, já se encontra bastante atenuada no século XVIII, e temos os graciosos retratos de Boucher, as cenas ao ar livre de Fragonard, a obra dos retratistas ingleses. Com efeito, um abismo separa a Maria de Médicis, de Pourbus,[46] da Madame Pompadour, de Boucher, ou os grupos hieráticos do século

1. *Retrato de Catarina Parr* \ Hans Holbein, o Moço \ 1ª metade do século XVI.
2. *Retrato da Condessa de Coventry* \ Jean Étienne Liotard \ pastel \ c. 1749 Musée d'Art et d'Histoire \ Geneva.

XVII das cenas íntimas ou de salão do século XVIII.[47] Se as figuras começam a ser representadas ao piano, tocando harpa, sentadas ou brincando, é porque não só é outro o espírito da época, e a concepção da plástica passara, no dizer de Spengler, do ornamento arquitetônico para a linguagem das formas musicais, como a roupa já desatara os membros, e o movimento começava a urdir com a forma a trama que daí em diante vai caracterizar a arte da vestimenta. Já o vestido não é mais para se ver de frente, mas também de perfil ou de costas, com as elaborações posteriores e as lânguidas túnicas *à la Watteau*. É o apogeu da vida de salão e, daí em diante, a vestimenta vai incorporar aos seus elementos a conquista do espaço. O século XIX, trazendo as profissões liberais, a democracia, a emancipação das mulheres e a difusão dos esportes, completará

*A estrutura rígida e imóvel do século XIV desaparece,
e surge a vestimenta graciosa, desatada, do século XVIII.*

O descanso durante a caçada (fragmento do original) \ Antoine Watteau
Wallace Collection \ Londres, c. 1720.

as metamorfoses sociais que fizeram o traje hirto dos séculos anteriores desabrochar na estrutura movediça de hoje em dia.

Em resumo, não é possível estudar uma arte, tão comprometida pelas injunções sociais como é a moda, focalizando-a apenas nos seus elementos estéticos. Para que a possamos compreender em toda a riqueza, devemos inseri-la no seu momento e no seu tempo, tentando descobrir as ligações ocultas que mantém com a sociedade. Este fenômeno social, não há dúvida, está jogando a todo instante com os princípios artísticos, que reorganiza num novo todo cada vez que o estilo varia. O movimento do *vertugadin*, no século XVII, repercute no movimento em leque dos

*A roupa não se destina mais a ser vista de frente,
mas também de costas e de perfil.*

cabelos; a queda em cascata das saias forma, com as tranças que desabam sobre a nuca, a figura de ritmo posterior de 1870; no vestido sinuoso de 1900, as linhas e os bordados se articulam num arabesco indissolúvel. Que se transforme um só desses elementos e romper-se-á a estrutura harmoniosa da figura. No entanto, se cada vez que o estilo varia a moda cai sob o domínio da arte, o que explica a mudança? O ininterrupto das antigas formas? Esta pergunta quem a responde, a nosso ver, não é mais a Estética e sim a Sociologia.[48] Daí a necessidade de, estudando a moda, nos colocarmos num outro ponto de vista.

O ANTAGONISMO

1. *Renato de Moraes Andrade*
Foto R. Mollenhauer \ São Paulo \ c. 1902.
2. *Iracema de Lacerda Corrêa*
Foto Nickelsen e Cia., premiada na expo de Paris, 1889
Campinas \ c. 1885.

A QUALQUER MOMENTO, lançando os olhos à nossa volta, somos surpreendidos pelo todo heterogêneo que é a sociedade. De um canto de rua, vendo a multidão passar, podemos contrapor na corrente humana, que foge apressada, a diversidade de rostos, de falas, de ritmos de andar, de corpos e de roupas. As diferenças que captamos são o reflexo de profundos contrastes de tipo de vida, de nível social, de profissão, que os anos cristalizaram, impondo aos indivíduos como uma máscara. Elas fazem com que à primeira vista separemos não só o operário do burguês, como dentro de uma mesma classe o escritor do magistrado, o comerciante do fazendeiro, o professor do industrial.[1] Dessas oposições, porém, a que mais nos impressiona porque se estampa numa diferença marcada de configuração física é a que existe entre os sexos. Aqui, não só um contraste biológico, mais acentuado que entre os animais, afasta a mulher do homem. Mas todo um conjunto de diferenças acentua através da roupa as características sexuais, modula de modo diferente a voz da mulher, produz um vagar maior dos movimentos, um jeito de cabeça mais langue sobre os ombros.

Diante de um antagonismo tão marcado é difícil sabermos o que foi obra da natureza e o que foi acrescentado por séculos de mútua segregação e de tarefas diversas. Pois desde as sociedades primitivas uma barreira tem separado o grupo masculino do feminino, obrigando-os a viverem em mundos opostos, deixando à mulher as atividades mais sedentárias, reservando ao homem as que obrigam a um maior movimento.[2]

Fotografia de Alberto Henschel, Photographia Alemã \ Rio de Janeiro.

Em nossas sociedades atuais, a oposição se manifesta mais atenuada, com crescente penetração do grupo feminino na esfera de ação do grupo masculino, processo bastante acelerado por duas guerras sucessivas, que atiraram as mulheres, de improviso, às tarefas dos homens. É fácil de imaginar-se como essas duas experiências, auxiliadas pelo movimento geral de emancipação feminina, que já vinha se processando há mais de um século, solaparam a sólida barreira posta entre os dois sexos, influindo definitivamente no conjunto da vida social.[3]

A mulher é votada à maternidade e às tarefas sedentárias.

José Pio Corrêa da Silva.

À visão dupla substitui-se uma visão mais una da sociedade, em que homens e mulheres não são considerados como termos opostos e antagônicos, mas sim como duas faces de uma mesma humanidade. É claro que essa mudança de concepção do feminino e do masculino não só afetou toda a estrutura social, a divisão do trabalho, como se refletiu nos costumes, na moral, na vestimenta. Contudo, nem por isso é menor o peso da tradição de vida segregada, que deixou a marca na atribuição das tarefas, na mentalidade, nos hábitos da mulher. Em certas socieda-

Ao homem cabem a iniciativa e o senso de aventura.

des de passado patriarcal, como por exemplo a brasileira, estamos a cada passo, nas relações sociais, presenciando a reminiscência dessa época de isolamento da mulher, que se manifesta nas atitudes tolhidas, na falta de naturalidade no trato dos homens e principalmente no hábito, arraigado em certos ambientes mais tradicionais, de se estabelecerem como por encanto, nas reuniões, dois círculos de cadeiras – o lado dos homens e o lado das mulheres.[4]

É que, se bem que a situação material tenha mudado, persistem as sobrevivências de ideologias e atitudes tradicionais. O século XIX ainda está muito perto de nós, com a divisão nítida dos dois mundos se espelhando no conjunto das atividades humanas, a barreira inexorável se elevando a todo momento entre os dois sexos: na praia, onde "uma tabuleta informava o ocasional visitante que os cavalheiros deviam usar o lado direito e as senhoras o esquerdo"; nos jantares, onde terminada a refeição os homens se retiravam para tomar o Porto enquanto as mulheres se reuniam noutra sala, como se "cada metade devesse digerir em reclusão sexual"; na igreja, cada sexo ocupando o seu setor, pois provavelmente "não se achava decente que as preces se misturassem enquanto subiam ao Céu".[5]

Ao mesmo tempo, um duplo padrão de moralidade regia as relações humanas, o código de honra do homem sendo diverso do da mulher. Talvez a poucos momentos da cultura, como a este, se aplique a teoria de Thomas: aqui temos realmente de um lado uma moral masculina "contratual", um código de honra originado nos contatos da vida pública, comercial, política e das atividades profissionais – e do outro uma moral feminina, relacionada com a pessoa e os hábitos do corpo e ditada por um único objetivo, agradar aos homens.[6] Nas sociedades patriarcais a separação é evidente, "o padrão duplo de moralidade dando ao homem todas as liberdades do gozo físico do amor e limitando o da mulher a ir para a cama com o marido, toda a santa noite em que ele estiver disposto a procriar".[7]

A vestimenta acentuará esse antagonismo, criando, no século XIX, duas "formas", uma para o homem, outra para a mulher, regidas agora

Aux Champs Elysées \ Honoré Daumier \ litografia \ 1855.

por princípios completamente diversos de evolução e desenvolvimento. A história do traje nos mostra, é verdade, como os dois grupos sempre se diferenciaram através da roupa. A indumentária masculina evoluiu na sua trajetória de um "oblongo em pé", sólido dos ombros aos tornozelos, ao segmento de uma estrutura assemelhando-se no desenho a um H. A feminina tomou como "símbolo básico de sua construção um X".[8] Contudo era o mesmo espírito que, desde o Renascimento, vinha se traduzindo no esplendor dos veludos, rendas e brocados. O século XIX, porém, será um divisor de águas e o princípio de sedução ou atração, que é o princípio diretor da roupa feminina, estará nestes últimos cem ou cinquenta anos, quase inteiramente ausente da vestimenta dos homens. Enquanto o traje feminino, passada a voga da simplicidade, se lançou novamente numa complicação de rendas, bordados e fitas, a indumentária masculina partiu, num crescente despojamento, do costume de caça do gentil-homem inglês para o ascetismo da roupa moderna.

Enquanto o traje feminino se enriquece de rendas, enfeites, babados e fitas, o masculino se despoja até o ascetismo.

Como o distanciamento vai se efetuar ao mesmo tempo na forma, na cor e no tecido, analisemos, em detalhe, o processo nestes três campos da vestimenta.

A FORMA
O século XIX, dissemos, se inicia sob o signo da simplicidade. Nesse sentido já vinha se processando, desde o século anterior, um movimento que partiu talvez das ideias de Rousseau e da influência das modas inglesas, acentuando-se com a Revolução Francesa. As mulheres, abolindo os espartilhos, as anáguas, os saltos altos, puseram-se de camisola branca atada debaixo dos seios; e o vestido se tornou escasso e sem formas. É o apogeu do exibicionismo do corpo, explorado pelas caricaturas do tempo, onde a ventania cola à plástica libertada os tecidos extraordina-

*O dimorfismo acentuado da moda
é simétrico ao duplo padrão de moralidade do século.*

Nas duas páginas, Guillaume-Sulpice Chevalier Gavarni \ litografias.

riamente transparentes.⁹ Por essa época uma mulher elegante não devia trazer sobre si mais do que duzentos gramas de vestido, incluindo-se as joias e a echarpe... Os chapéus característicos são o turbante (cuja voga, segundo Von Boehn, não foi devida à campanha de Napoleão no Egito, mas aos nababos indianos, passando da Inglaterra à França) e o *poke-bonnet*, originalmente chapéu de palha campesino, que vai durar mais ou menos sessenta anos, ora grande, ora pequeno, ora baixo, ora alto.¹⁰ Com a Restauração a simplicidade clássica se perde e a forma essencial da vestimenta muda. Surgem as primeiras mangas baseadas no gibão isabelino e as saias encurtam, armando-se à altura da barra através das anáguas que ressurgem, ou dos *rouleaux*, espécie de crinolina incipiente externa.

Retrato de Elisa Chalous Baron \ Fontallard (Jean François Gérard)
aquarela \ 1777-1858 \ Museu Nacional de Belas Artes \ Rio de Janeiro.

Por volta de 1820 a forma cilíndrica já havia sido totalmente abandonada, a cintura voltara à sua posição normal, e a figura se constrói por um sistema de triângulos, "o chapéu enorme e a cabeça formando um triângulo invertido, colocado sobre outro composto pelo corpinho e pelas mangas, o qual, por sua vez, se equilibra no ápice de uma saia 'triangular'". Neste período as caricaturas exploram os chapéus, construções verdadeira-

Depois de 1820 as mangas atingem uma dimensão exagerada.

mente fantásticas de rendas, plumas e fitas, usados em todas as ocasiões, mesmo nos jantares e teatros.[11] As mangas também haviam alcançado uma dimensão surpreendente – a figura feminina, de saias rodadas e curtas, mangas e chapéus enormes apresentando uma largura quase igual à altura. De 1830 em diante vai haver nova mudança fundamental no desenho: os penteados elaborados que exibiam laçarotes de cores brilhantes, flores e pentes de tartaruga desaparecem; desaparecem as mangas inchadas, que são substituídas por mangas justas nos ombros e muito largas nos pulsos. O punho é abolido e a mão some dentro de ordens superpostas de rendas e babados: é a forma em *pagoda*. O traje agora é simples e o desatavio dirige o adorno feminino, do feitio do vestido ao arranjo dos cabelos. A inspiração vem dos séculos XIV e XVII e a figura se constrói em torno de ângulos góticos – a cintura abaixa, o corpete fica pontudo, o decote desce em forma de V acentuando a estreiteza do busto, a saia apresenta uma abertura na frente. Os meados do século vão presenciar o aparecimento da grande descoberta mecânica da vestimenta: em 1855 surge a crinolina, introduzida pela imperatriz Eugênia e simbolizando o triunfo da nova era do aço. A mulher passa a ser um triângulo equilátero, auxiliado pela voga dos xales e mantilhas que, atirados sobre os ombros e descendo pelas costas, escondem a cintura. Em 1859 a crinolina alcança a sua expansão maior e daí em diante a roda do vestido diminui e a fazenda começa a ser arrepanhada na parte posterior, a parte anterior ficando mais ou menos lisa e acentuando a curva suave das cadeiras. Estamos na idade de ouro dos costureiros (por volta de 1870), e a invenção recente da máquina de costura possibilita a grande elaboração do traje – a maior talvez da história da vestimenta.[12] Eis a descrição de um vestido de quatro aspectos: "O lado direito, na frente, é liso; o lado esquerdo é formado de pregas horizontais; o lado direito das costas é um *pouf* e o centro e o lado esquerdo das costas são compostos de pregas perpendiculares".[13] O interesse da figura total está nas costas, e os penteados repetem o ritmo em cascata de *chutes*, *ondulations* e cauda, o efeito geral estando bem expresso na anedota do *Punch*, em que a velha diz para a moça elegante: "Minha cara, suas roupas estão todas caindo [...]". Em 1884 a anquinha é atirada para cima, assim como os cabelos, e a frente do vestido se torna quase rígida. De uma certa maneira a evolução da "forma" feminina no século XIX terminou. O decênio de 1890 revive as linhas gerais da silhueta de 1830, dando enorme realce às mangas e, pelo contraste, à cintura fina; e os últimos anos do século XIX e o princípio do século XX compõem uma variação nova da silhueta tubular, agora colante, transformando a mulher num milagre de curvas.

Bastante diverso é o itinerário percorrido pela indumentária masculina. Em vez de estar sujeito a ciclos, a um ritmo estético de expansão de um determinado elemento decorativo levado ao limite máximo (as mangas crescendo até a aberração de 1830, a saia se alargando até a crinolina, a anquinha se acentuando até o excesso de meados do decênio de 1880), a roupa masculina se simplifica progressivamente, tendendo a cristalizar-se num uniforme.[14]

Seu ponto de partida é a adoção, ainda em fins do século anterior, pela grande maioria dos homens europeus, do que era em essência o costume inglês de montar – o *riding-coat* –, que os franceses denominaram *redingote* e que dará origem à casaca, tal como ela perdura em nossos dias. A própria cartola deriva do *crash-helmet* do caçador. Ela poderá ter a copa alta ou baixa, variar no material, que ora é pelo de castor, ora é seda, ter as abas achatadas ou voltadas para cima em ângulo agudo, afetando uma extraordinária variedade que não passou despercebida ao caricaturista da época.[15] Mas todo homem decente terá de possuir ao menos uma, pois que é símbolo da respeitabilidade burguesa. Será o chapéu característico do século XIX, como o tricórneo o foi do século XVIII, atravessando-o de ponta a ponta, já que o chapéu de feltro só surge no decênio de 1890.

Os calções, usados até o segundo decênio, com botas de montar, logo serão substituídos pelas calças, bem mais cômodas. Em 1814 o duque de

Wellington se apresenta no Almack com um par de calças e, desde então, a moda está lançada. Em 1825 são de uso corrente, seguras por presilhas, debaixo dos sapatos.

Contudo o despojamento não foi repentino, e no princípio do século a fantasia se aplica largamente na escolha dos coletes e na elaboração das gravatas, celebrizando-se Brummel pela habilidade especial em atá-las. A roupa masculina ainda é um instrumento de afirmação pessoal, e nas reuniões sociais o exagero é tão grande quanto o feminino, os desenhos do período explorando também os ridículos dos homens, com os bustos estufados artificialmente, os calções muito largos drapeados sobre as coxas, as gravatas monumentais que, juntamente com as golas altíssimas, engoliam rosto, cabeça e cartola, como na estampa de Le Bon Genre, *Cavalgada de Longchamp*, que Max von Boehn reproduz.[16]

Perdura até 1830 o luxo das gravatas e dos coletes, que então podem ser ricamente bordados ou em número de dois, um de veludo, outro de fustão por cima. Nesta época a figura masculina concorda em grande parte com a feminina, e os corpos se estrangulam, acentuando as formas com o auxílio das "cintas bascas" usadas sobre a pele. Pouco a pouco estas manifestações de capricho vão sendo abandonadas. O Romantismo substitui as gravatas fantasiosas pelas gravatas pretas, cobrindo todo o peito da camisa; lentamente as calças, coletes e paletós começam a combinar entre si de maneira muito discreta, e de meados do século em diante a roupa não tem mais por objetivo destacar o indivíduo, mas fazer com que ele desapareça na multidão. A casaca tem as abas cortadas, dando início à evolução que produzirá o terno masculino moderno. O advento do esporte renova um pouco a hirta estrutura masculina, introduzindo o *yatching*, o *naval reefer* e a *Norfolk-jacket*. Em 1890 a cartola começa a ser substituída, de dia, pelo chapéu de feltro.

Evolução esquemática da moda no decorrer do século XIX.

Desenhos da autora, a lápis de cor azul e vermelha,
para a edição original, mimeografada \ 1950.

A COR

Quanto a cor, a evolução também se deu, para o grupo feminino, da simplicidade para a complexidade. O período napoleônico se caracteriza por uma verdadeira paixão pelo branco nos vestidos, aos quais se acrescenta, às vezes, uma mancha gritante de cor – vermelho-papoula, violeta – dada por um acessório, como as luvas compridas, ou a echarpe. No mais, as cores utilizadas são muito pálidas, mas por volta de 1830 surgem os belos tecidos floridos e o esquema cromático se apura, as cores vivas sendo mais apropriadas aos trajes de jantar, e as claras – rosa, limão, azul – ao baile e à Ópera. Tendo o castelo de Balmoral se transformado na residência da rainha Vitória e do príncipe consorte, espalha-se, rapidamente, a moda do escocês e do xadrez que atinge mesmo a França.

Ao gosto pela combinação harmoniosa substitui-se, em meados do século, o gosto pelas combinações contrastantes, que vai durar até o decênio de 90. Um vestido apresenta então várias cores, como por exemplo listas alternadas de fazenda rosa, malva ou preta. A mistura exagerada de tons e de tecidos provoca por volta de 1880 profunda reação de todo um grupo de estetas ingleses.[17] Mistura que talvez tenha tido origem menos numa nova concepção da cor, que na descoberta das tinturas de anilina e no esforço de descobrir um esquema cromático apropriado à nova forma de iluminação.

O colorido das roupas masculinas é, em contraposição às femininas, muito discreto. Ao rosa, ao violeta e ao verde, preferem-se o marrom e o azul-escuro. Contudo, em 1816 ainda estão em grande voga as casacas do célebre *bleu céleste* de Weston, o maior alfaiate de seu tempo. As combinações se fazem, em geral, em torno de três cores: claras para as calças, escuras para a parte superior da indumentária e vivas para os coletes. Por exemplo: uma sobrecasaca verde-oliva, calças cor de jade e colete estampado sobre fundo creme, ou um redingote azul-marinho, calça violeta e colete claro à fantasia. A moda do preto só começará em 1840 mais ou menos, devido a Bulwer Lytton e aos escritores românticos. Ela vai alastrar-se mesmo pela gravata, e o homem se cobrirá de luto até o advento do esporte, que de novo introduz as cores claras.

O TECIDO

Até o século XIX não havia, propriamente, distinção entre os tecidos usados pelos homens e os usados pelas mulheres. A diferença das fazendas se relacionava mais com a condição social e com o tipo de traje do que com o sexo, as mais grosseiras sendo utilizadas, tanto para o grupo feminino como para o masculino, na confecção de roupas de viagem e de montar, as mais luxuosas nas roupas de gala, onde ambos usavam sedas, fitas e veludos. Contudo, como nos outros setores da vestimenta, aqui também vai processar-se a separação, um grupo distinto de tecidos tornando-se propriedade de cada sexo. Eram privativas do grupo feminino as fazendas vaporosas, encontradas com tamanha frequência até 1850: a batista, a musselina, a tarlatana, o organdi, tecidos prediletos da imperatriz Eugênia que, à noite, transformavam as elegantes em verdadeiras nuvens e não raro as atraiçoavam, pois eram altamente inflamáveis.[18] De 1830 em diante difundem-se os tecidos mais pesados, o veludo, a seda adamascada, os brocados, os tafetás cambiantes, o gorgorão, o cetim, característicos da segunda metade do século. O desenvolvimento da indústria têxtil generaliza o uso do linho-e-seda e da lã-e-seda nos vestidos de rua mais simples, reservando para os trajes de gala as suas mais belas criações, as maravilhas saídas das fábricas de Lyon: brocados de ouro e de prata com flores coloridas, gaze "cristalizada", tarlatanas palhetadas de ouro, tules debruados de guirlandas.

Ao homem, no entanto, cabem apenas as fazendas ásperas, pois à medida que o século avança vai renunciando às sedas, aos cetins, aos brocados que, aliás, há muito vinha empregando apenas nos acessórios, como no colete, e escondendo-se debaixo da austeridade do traje. Ao terminar o século está acomodado à monótona existência do linho e da lã.[19]

Eis em traços rápidos um apanhado da evolução da moda no século XIX. Mais do que nas épocas anteriores, ela afastou o grupo masculino do feminino, conferindo a cada um uma forma diferente, um conjunto diverso de tecidos e de cores, restrito para o homem, abundante para a mulher, exilando o primeiro numa existência sombria onde a beleza está ausente,

*Grupo de quatro irmãos Carneiro de Mendonça. Da esquerda para a direita:
Joaquim (diplomata); Alberto (fazendeiro, depois comerciante);
Carlos (médico); Arthur (funcionário público) \
Fotógrafo J.F.Guimarães \ Rio de Janeiro.*

enquanto afoga a segunda em fofos e laçarotes. Este mesmo panorama que nos é fornecido pela análise fria da moda, no livro do especialista ou na prancha do figurino, ressalta da pintura e do romance do século XIX.

Contemplemos, por exemplo, as gravuras de Constantin Guys: a oposição entre as graciosas figuras femininas e os empertigados senhores de cartola traduz, com admirável exatidão, o coro a duas vozes que era a sociedade de então.

O mesmo acontece com a cena *O balcão*, de Manet, ou com *A dança na cidade*, de Renoir,[20] onde, no rodopio da valsa, o flamejante vestido se

*Aos poucos a evolução da moda afasta o grupo masculino da disputa,
exilando-o numa existência sombria...*

Zulmira Corrêa Rocha (em pé) *e uma amiga, não identificada*
Fotografia de José Garcia \ Araraquara \ 1896.

engasta na casaca preta. Para a mulher a beleza, para o homem o despojamento completo.

Idêntico antagonismo ressalta das descrições de modas feitas pelos cronistas e romancistas da época. Verdadeiros peritos em matéria de roupa feminina, comprazem-se em descrições detalhadas de mangas, decotes, roupões frouxos, numa verdadeira volúpia de posse à distância. Conhecem o nome das fazendas, a bela nomenclatura das cores, ajustando aos corpos, com habilidade de modistas, fofos, apanhados e rendas:

... enquanto afoga o grupo feminino em fofos e laçarotes.

> Seu trajo era um primor do gênero, pelo mimoso e delicado. Trazia o vestido de alvas escumilhas, com a saia toda rofada de largos folhos. Pequenos ramos de urzes, como um só botão cor-de-rosa, apanhavam os fofos transparentes, que o menor sopro fazia arfar. O forro de seda do corpinho, ligeiramente decotado, apenas debuxava entre a fina gaze os contornos nascentes do gárceo colo: e dentre as nuvens de rendas das mangas só escapava a parte inferior do mais lindo braço.[21]

Mas ao enlevo desta descrição substitui-se o fastio que a roupa masculina inspira:

> vi-o passar com as suas calças brancas engomadas, presilhas, rodaque e gravata de mola. Foi dos últimos que usaram presilhas no Rio de Janeiro e talvez no mundo. Trazia as calças curtas para que lhe ficassem bem esticadas. A gravata de cetim preto, com um aro de aço por dentro, imobilizava-lhe o pescoço, era então moda.[22]

Não escolhemos os dois trechos, eles foram tomados ao acaso. E todo aquele que, na riquíssima documentação oferecida nesse sentido pelos romances do século XIX, se der a este trabalho, encontrará o mesmo derramamento nas descrições de trajes femininos, a mesma contenção no trato da indumentária masculina. O próprio Marcel Proust que, como ninguém, foi sensível ao aspecto artístico e fantasioso da vestimenta feminina, ao descrever a elegância incomparável do barão de Charlus, exalta sobretudo "a voluntária e artística simplicidade de sua roupa", o requinte de "certos detalhes insignificantes só discerníveis por um alfaiate".

> Vi que ele tinha trocado de roupa. A que trazia agora era ainda mais sombria, sem dúvida porque a verdadeira elegância está mais próxima da simplicidade que a falsa: mas ainda havia outra coisa: um pouco mais de perto sentia-se que se a cor estava quase inteiramente ausente da vestimenta, era menos por indiferença daquele que a havia banido, do que por uma razão qualquer que o levara a interditá-la. E a sobrie-

dade que transparecia assemelhava-se às que não derivam da falta de apetite mas da obediência a um regime. Um filete de verde sombrio harmonizava-se no tecido da calça, à lista das meias, com um refinamento que denotava a vivacidade de um gosto que, subjugado nas outras partes, cedera por tolerância a esta concessão isolada, enquanto um toque vermelho na gravata soava imperceptível como a liberdade que não se ousa tomar.[23]

É possível argumentar que a diferença de espírito que se desprende desses trechos, praticamente antagônicos, deriva deles terem sido escritos por homens, e que uma mulher veria as coisas de outro modo, enfastiando-se com o traje feminino e encontrando no masculino motivos de enlevo e encantamento. Não creio que em toda a literatura feminina se encontre uma única prova dessa hipótese. Cunnington procurou no grupo numeroso de escritoras inglesas do século XIX a opinião das heroínas sobre a roupa dos homens, para concluir que, neste particular, as mulheres se revelam singularmente discretas. Como a Evelina de Fanny Burney, podem notar a extrema elegância de Lord Orville, mas serão incapazes de lhe descrever o casaco; podem notar, como a Jane Eyre de Charlotte Brontë, "a fronte nobre, os belos olhos, o corpo truculento de Mr. Rochester, mas suas roupas passaram-lhe completamente despercebidas".[24]

É que a roupa masculina perdera, no século XIX, sua função ornamental, deixando de ser uma arma de sedução erótica. Não se verá mais um Pepys "comprando roupas num total de 100 libras em moeda moderna", um Steele "dando 40 libras por uma peruca", um Goldsmith "comprando um traje de veludo azul por 20 guinéus e um par de calções de seda por 8 libras".[25] O *dandy* paga regiamente o alfaiate, mas se distingue do *macaroni* coberto de brocados que o antecedeu, porque veste-se simplesmente e suas roupas caem sem uma dobra. O "corte irrepreensível", "a fazenda superior... mas de cores modestas", a gravata sempre preta, embora de cetim e às vezes de "muitas voltas" – eis de agora em diante alguns sinais exteriores que informarão aos outros o lugar que ocupa na sociedade.[26]

Arrufos \ Belmiro de Almeida \ óleo
Museu Nacional de Belas Artes \ Rio de Janeiro.

No entanto, a renúncia dos elementos decorativos não se faz abruptamente e se a roupa se despoja e o homem desiste das rendas e plumas, que se tornam o apanágio das mulheres, não abandona outras formas mais sutis de afirmação social e prestígio, fixadas agora na exploração estética do rosto e no domínio de certas insígnias de poder e erotismo, como os chapéus, as bengalas, os charutos e as joias.

Pois assim como as mulheres vêm através dos tempos lutando com os cosméticos, no intuito de se apresentarem sempre sob o seu melhor aspecto, os homens vêm-se empenhando com a navalha e as tesouras. O fim do século XVII e o século XVIII, talvez por causa das perucas, foram tempos de cara raspada, mas no princípio do século XIX os bigodes e suíças se espalham pelos exércitos de Napoleão, e já em 1810 Thackeray nos apresenta aos sensacionais *moustachios* de Jos Sedley. A moda, durante algum tempo privilégio dos militares e símbolo de ferocidade, difunde-se rapidamente, e em breve o homem se entrega a uma desenfreada decoração

*A roupa do homem perde a função ornamental,
enquanto a da mulher continua apegada à sedução erótica.*

capilar.[27] Apesar das descrições de nossos romancistas da época serem discretas no que diz respeito à vestimenta dos homens, insistem no "bigodinho de cadete afeminado" que em *Rosa* debrua o lábio superior do Juca; no "lindo bigode castanho untado e retesado com excessivo esmero" de Jorge, em *A mão e a luva*; no imponente "bigode negro e basto", de "guias longas, agudas e lustrosas", "obra comum da natureza e do cabeleireiro", que o Jorge de *Iaiá Garcia* ostenta. Nem mesmo o discreto Rubião consegue resistir em *Quincas Borba* a essa fantasia capilar, que Machado utiliza com o sarcasmo costumeiro para sublinhar o progresso lento e solidário da ascensão social e da loucura: no início da narrativa, quando Rubião é o professor modesto que chega da província, usa suíças; mais tarde, capitalista e instalado na Corte, adere à "barba toda"; finalmente, já sem juízo, pede ao barbeiro que dê um novo aspecto à sua fisionomia, talhando-lhe no rosto a pera e os bigodes de Napoleão III.[28]

O interesse pela decoração do rosto vem, pois, compensar o sacrifício do narcisismo masculino, que se expressava na roupa, compensação que transparece, como já foi dito, no aumento dos símbolos fálicos da indumentária.

Os chapéus e as luvas, por exemplo, estão muito presentes na literatura brasileira do período; as luvas macias e compradas no Jouvin podem ser de "pelica cinzenta" ou "cor de palha";[29] quanto aos chapéus, "de fábrica recente" e pousados "sobre o cabelo penteado a capricho" de seu dono, exibem uma variedade de formas e feitios,[30] desde o "baixo e leve" que acompanha o "aparelho equestre" ou serve à tarde "para andar na vizinhança", até o "alto, preto, grave, presidencial, administrativo", adequado às "recepções, teatro lírico, enterros e visitas de cerimônia".[31]

A estas insígnias devemos acrescentar ainda as bengalas, as poucas joias que sobraram, os charutos… Machado e Alencar, por exemplo, atentos como sempre à significação expressiva dos detalhes, não esquecem "todo o sortimento de guarda-chuvas e bengalas" dos elegantes da Corte; a bengala de castão de marfim de Paulo, em *Lucíola*; a de "castão de ouro lavrado" com as iniciais de Procópio Dias em caracteres góti-

1. *Abílio Correia, fazendeiro em Araraquara* \ 2. Desconhecidos.

cos, em *Iaiá Garcia*; a "bengalinha de unicórnio" aludida pelo moleque irreverente de *O demônio familiar*; o bengalão, que no *Quincas Borba* sempre acompanha o major quando, pela altura de 1830, ele frequentava a botica do Bernardes – o das panturrilhas.

Quanto às joias, ainda não foram banidas de todo: "o anel de rubim", a "abotoadura completa de brilhantes", os "perendengues do relógio", usados com sobriedade, continuam assinalando o cavalheiro elegante;[32] inversamente, o soberbo anel de granada e o "brilhante vasto, ostensivo, escandaloso", que fulge na camisa, desmentem a severidade da "longa sobrecasaca abotoada até metade do peito" e apontam o arrivista.[33]

É movimentando os complementos imprescindíveis do vestuário – luvas, chapéus, bengalas e ornatos –, através da ritmia elaborada dos gestos, que o elegante demonstra a todos como está afeito aos usos da sociedade. E é preciso não esquecer, neste pormenor, o hábito dos charutos

*No decorrer do século a moda dos bigodes,
difundida pelos militares, espalhou-se por todas as camadas sociais.*

*1. Geraldo Corrêa de Sampaio \ 2. José Pio
ambos fotografados por José Garcia \ Araraquara \ 1900.*

que, difundido a partir de meados do século, atravessa o Romantismo, banindo a um só tempo o vício antigo do rapé,[34] a que continuam fiéis os mais velhos, e o "nojento cigarro de palha" a que estão condenados os mais pobres. Pois "moço bonito que passeia de tarde vendo as moças"[35] – como os nossos poetas byronianos e os inúmeros Rubemprés locais – fuma charutos de primeira qualidade, de Havana ou de Manilha, cujas belas caixas, compradas na casa de Wallerstein, estão sempre ao alcance da mão sobre a escrivaninha ou o aparador, na intimidade dos aposentos.

Em resumo: a renúncia aos elementos decorativos que se expressavam tradicionalmente na vestimenta masculina foi, no século XIX, compensada por outras formas de narcisismo, como a decoração do rosto, o apego aos símbolos fálicos e o derivativo da elegância.[36] Mas tudo isso que acabamos de examinar não explica o dimorfismo estético do século, cujas razões profundas temos de procurar em outro campo.

As barbas, assumindo formas variadas, compensam a renúncia aos elementos decorativos, que antes se expressavam na vestimenta.

1. *Antonio Carlos de Almeida Botelho* \ 2. *Antonio Manuel de Arruda* \ 3. *Carlos Braz do Nascimento*
4. *Carlos Hoenen* \ 5. *João de Almeida Leite Moraes* \ 6. *Desconhecido.*

7. *Matias Teixeira da Silva Pinto* \ 8. *José Rodrigues Simões* \ 9. *João Batista de Arruda*
10. *Tenente Lima Jr.* \ 11. *Bento Carlos de Arruda Botelho* \ 12. *Desconhecido.*

Qual o motivo que teria levado o grupo masculino a abandonar o adorno, substituindo-o por símbolos de dignidade e competência, enquanto o grupo feminino continuava a "nadar nesse dilúvio de sedas, rendas e joias, que compõem o *mundus da mulher*?". Por que irá, à medida que o século avança, transformando-se num boneco aprisionado num uniforme rígido de linhas retas, desistindo progressivamente da cor que, se perdura nos coletes, ele a esconde asceticamente debaixo da casaca? Donde virá essa "grande renúncia masculina" de que falam os psicanalistas? Do narcisismo menos livre, da sexualidade concentrada nos órgãos genitais, de um superego vigilante, em contraposição ao narcisismo liberto e à sexualidade difusa da mulher que se expande nas vestimentas?[37] Mas se a explicação pode valer para o século XIX não se aplica a outras épocas em que as roupas dos homens, como a plumagem dos pássaros, eram mais suntuosas no sexo masculino que no feminino. Épocas em que na competição diária o brilho dos trajes acentuava a ostentação do poder, como na entrevista de 1520 entre Francisco I e Henrique VIII, no *Campo do Pano de Ouro*, que resultou numa das maiores paradas de indumentária de todos os tempos, levando à ruína muitos cortesãos.

O homem só se desinteressou da vestimenta quando esta, devido à mudança profunda no curso da história, deixou de ter importância excessiva na competição social.[38] A Revolução Francesa, consagrando a passagem de uma sociedade estamental a uma sociedade de classes, e estabelecendo a igualdade política entre os homens, fez com que as distinções não se expressassem mais pelos sinais exteriores da roupa, mas através das qualidades pessoais de cada um. A carreira estava aberta ao talento. E numa sociedade em que, em princípio, as diferenças se apagaram, em que "o filho natural de um *baigneur* milionário e um homem de talento têm os mesmos direitos que o filho de um conde, só podemos nos distinguir dos outros pelo nosso valor intrínseco".[39] Agora o que importa não é desaparecer dentro de uma carapaça fulgurante, sumir debaixo dos brocados, formando com a roupa um todo indissolúvel, mas destacar-se dela, reduzindo-a a um cenário discreto e amortecido no qual se exibe o brilho pleno da personalidade. É esse o ideal masculino do século XIX, que se reflete no traje, na "liberdade que não se ousa tomar", o *dandy*[40] e o leão permanecendo como sobrevivências de uma era passada, pois a beleza agora se tornou privativa da mulher.[41] Nesta nova aristocracia que se forma, "tríplice aristocracia do dinheiro, do poder e do talento", "o homem armado do pensamento substitui o Senhor encouraçado de ferro".[42]

A inteligência é o novo condão mágico que abre todas as portas: que introduz Marcel Proust, filho de judia e de um burguês da província, nos círculos fechados da alta nobreza da França; que faz o salão de Mme. Swann cristalizar-se em torno da figura de Bergotte,[43] e que no Brasil confere ao homem sem nascimento "todas as glórias, pompas e satisfações": "Moço ainda, elegante, com uma fisionomia expressiva e o reflexo de suas glórias políticas, ele triunfava no salão como na tribuna".[44]

A este novo elemento de prestígio que entrará em jogo tanto na ascensão social como na luta entre os sexos, a burguesia acrescenta o preconceito do asseio, do linho imaculado, símbolo de que o seu portador não se empenha em nenhuma espécie de trabalho manual. Tal distinção era necessária numa sociedade que facilitava aos indivíduos as mesmas possibilidades, estando ausente de outras, como o século XVIII, onde as marcadas e de alguma forma intransponíveis barreiras entre as classes permitiam que Luís XIV, na frase célebre de Saint-Simon, "cheirasse como uma carniça". A burguesia acrescenta ainda certas sutilezas como "o *savoir vivre*, a elegância das maneiras, aquele *não sei quê*, fruto de uma educação completa, única barreira que separa o ocioso do homem ocupado".[45]

São estas armas diversas que o homem do século XIX substituiu aos ornamentos e, se cada sexo é a imagem dos desejos do sexo oposto, o que deslumbrava a mulher de então era o ar de competência do companheiro, decorrente menos das leves concessões da fantasia que da austeridade grave da sobrecasaca preta.

Congresso dos Deputados \ Adrien Marie (1848-1891) \ nanquim sobre cartolina
Museu Nacional de Belas Artes \ Rio de Janeiro.

Na nova aristocracia que se forma, o homem armado do pensamento substitui o Senhor encouraçado de ferro.

Mas embora segregados por duas morais, duas concepções de vestimenta, duas mentalidades, os grupos masculino e feminino acabam se completando. A barreira que os separa não é intransponível e aqui e ali a sociedade esqueceu pequenas brechas por onde eles podem se comunicar e oferecer apoio um ao outro. O encanto feminino e a determinação masculina não se excluem mutuamente: na verdade, são parcelas que se somam na contabilidade astuciosa da ascensão. A graça de trazer o vestido, de exibir no baile os braços e ombros, fazendo-os melhores "por meio de atitudes e gestos escolhidos", é simétrica ao talento e ambição, exigidos pela carreira. Numa crônica admirável de *A Semana*, Machado de Assis, analisando o comportamento de nossas elites do Segundo Reinado, comenta que, na trama intrincada da competição, ninguém vence sozinho; cada um de nós precisa acrescentar às vitórias pessoais, duramente conquistadas – que ele chama com ironia as "glórias de plena propriedade" – as "glórias de empréstimo", isto é, as vitórias dos muitos próximos, que se refletem em nós. A análise dessa curiosa contaminação de prestígios, em que o triunfo da mulher repercute vivamente na posição masculina – e vice-versa –, representa, aliás, um dos fulcros principais do romance do século XIX, tanto na Europa como no Brasil.[46] É a ela que devemos creditar algumas das passagens mais brilhantes da obra proustiana, como a descrição do comportamento ambivalente do "avaro e faustoso" duque de Guermantes, capaz de recusar a Oriane quantias insignificantes para as esmolas, mas sempre atento a que a esposa exiba os vestidos mais opulentos e as parelhas mais belas;[47] ou a referência à atitude inesperada de Charles Swann, abandonando por um momento a redação do ensaio erudito sobre Vermeer, que o está absorvendo, para se entregar à escolha fútil de um vestido "todo crivado de centáureas, miosótis e campânulas" que deverá ressaltar, aos olhos de todos, o tipo botticceliano de Odette.[48]

Mas deixemos Machado de Assis, que tanto nos tem valido, oferecer-nos o último exemplo de que necessitamos. Trata-se da cena final de uma obra de mocidade, onde já surge, num primeiro tratamento seco e penetrante, o tema central de um de seus romances mais perfeitos de maturidade:[49] o pacto do casal que, esquecendo provisoriamente a disputa milenar dos sexos, decide somar no presente as "glórias de plena propriedade" às "glórias de empréstimo" para juntos empreender a trabalhosa ascensão social:

> Um mês depois de casados, como eles estivessem a conversar do que conversam os recém-casados, que é de si mesmos, e a relembrar a curta campanha do namoro, Guiomar confessou ao marido que naquela ocasião lhe conhecera todo o poder da sua vontade.
> – Vi que você era um homem resoluto, disse a moça a Luís Alves, que, assentado, a escutava.
> –Resoluto e ambicioso, ampliou Luís Alves, sorrindo; você pode ter percebido que sou uma e outra cousa.
> – A ambição não é defeito.
> – Pelo contrário, é virtude; eu sinto que a tenho, e que hei de fazê-la vingar. Não me fio só na mocidade e na força moral; fio-me também em você, que há de ser para mim uma força nova.
> – Oh! sim! exclamou Guiomar.
> E com um modo gracioso continuou:
> – Mas que me dá você em paga? Um lugar na câmara? Uma pasta de ministro?
> – O lustre de meu nome, respondeu ele.
> Guiomar, que estava de pé defronte dele, com as mãos presas nas suas, deixou-se cair lentamente sobre os joelhos do marido, e as duas ambições trocaram o ósculo fraternal. Ajustavam-se ambas, como se aquela luva tivesse sido feita para aquela mão.[50]

Ilustrações para Marcel Proust \ Madeleine Lemaire.

*A disputa secular dos sexos abre uma trégua, para somar esforços
no jogo da ascensão social.*

A CULTURA FEMININA

Zulmira Corrêa Rocha e Zulmira Paixão
Foto José Garcia / Araraquara, 1898.

PARA O GRUPO FEMININO, porém, a moda continua sendo, no século XIX, a grande arma na luta entre os sexos e na afirmação do indivíduo dentro do grupo. Uma série de fatores como o advento da burguesia, a melhoria das vias de comunicação e o número crescente de figurinos – cujas pranchas de modas eram copiadas pelos jornais e revistas da província e de outros países – fizeram com que não fosse mais o apanágio de uma classe e se difundisse fora dos grandes centros de irradiação da cultura.[1] Por outro lado, o desenvolvimento da indústria havia libertado o sexo feminino de uma série de atividades produtivas que até então se realizavam no âmbito doméstico. O centro urbano fornecia com mais facilidade e mais barato o pão, a fazenda, a renda, o vestido feito, o chapéu, e a crescente especialização das funções criava uma série de novos empregos, tanto nas fábricas como nos lares, preenchidos pelas mulheres do novo proletariado. De um momento para outro, a mulher burguesa viu-se mais ou menos sem ter o que fazer, e seu único objetivo – agora que nas classes médias e altas perdera o valor econômico, transformando-se em grupo dependente – era casar. Um tal estado de coisas favorecia o desenvolvimento daqueles recursos que entram em jogo na competição sexual e, no pequeno espaço de tempo que mediava entre a vida da menina e a da senhora, a moça entregava-se ao aprendizado da música e das maneiras, ao interesse pelos vestidos, vivendo na expectativa da chegada do marido.

Mas, dizia o provérbio inglês: *Marry your sons when you will, and your daughters when you can*. E às vezes, se bem que na realização desse intento se empenhassem mães e filhas, o marido não chegava. As casas enchiam-se do ruído das solteironas exercitando suas qualidades musicais, as canastras se abarrotavam de anáguas e corpinhos ricamente bordados, e a pergunta dolorosa de centenas de mulheres se perdia no ar: o que fazer da vida? O casamento era então uma espécie de favor que o homem conferia à mulher, o único meio de adquirir status econômico e social, pois aquela que não se casava era a mulher fracassada e tinha de se conformar à vida cinzenta de solteirona, acompanhando a mãe às visitas, entregando-se aos bordados infindáveis, à educação dos sobrinhos. Ou então, em sociedades onde o movimento de emancipação ia mais adiantado como na Inglaterra, a uma vida de humilhação como governante.

Mas, se não casando a mulher via seu prestígio na sociedade diminuído, dedicando-se ao trabalho remunerado descia imediatamente de classe. Fora dos trabalhos de agulha, o ensino particular era a única oportunidade de que dispunha uma mulher de certo nascimento para ganhar a vida.[2]

Para a mulher, as únicas alternativas de carreira
são o casamento e o magistério.

Gavarni (Guillaume-Sulpice Chévallier).

Contudo, um anátema pesava sobre essa criatura apagada,

> que podia ser reconhecida à primeira vista pelo vestido simples e discreto, pelo chapeuzinho de palha enterrado com véu marrom ou verde e pelo rosto onde se estampava um olhar fixo de desespero.[3]

Pobre ser mal pago a quem, frequentemente, se impunha a obrigação de trocar de nome, como que para puni-lo do crime de ter descido de classe, e que desfrutava de menos regalias que uma criada de servir, seus afazeres indo do ensino da música ao remendo das roupas.[4]

À mulher do século XIX restava, portanto, apenas o casamento. Esta única alternativa permitida ao sexo feminino não podia deixar de favorecer o desenvolvimento intensivo da arte da sedução. E se a moda agora era acessível a todos através da prancha colorida que a revista de senhoras publicava, também proliferavam por toda a parte os livros de boas maneiras, característicos de uma classe que se formava, e onde este sutil esquema do comportamento ainda não se tinha imposto pela tradição. A dificuldade estava exatamente em conciliar a arte de seduzir com as regras da etiqueta. Pois se de um lado arranjar marido era uma necessidade imperiosa, a mulher mobilizando para esse fim um arsenal de sedas e desgarres, por outro a rigidez da moral vigente se opunha como um obstáculo intransponível ao único objetivo digno de se almejar na vida. Uma série de regras básicas orientavam os contatos entre os sexos, ensinando às mulheres como se portar diante dos homens, como aceitar a corte, aconselhando que as relações "fossem estabelecidas com excessiva cautela", que as cabeças não se chegassem muito perto lendo o mesmo livro, que as moças "não aceitassem sem necessidade o auxílio para se cobrir com a capa, o xale, calçar as galochas" etc.[5]

Este panorama geral do século XIX, oferecendo à mulher uma única oportunidade de realização, o casamento e, ao mesmo tempo, brecando-lhe todas as possibilidades não só de iniciativa mas de procura de situações favoráveis, desenvolveu no grupo feminino uma curiosa técnica de avanços e recuos, de entregas parciais, um se dar se negando, que é a essência da *coquetterie*. A necessidade de agradar levou-a a empregar "todos os recursos possíveis, desde os mais sutis estímulos espirituais até as mais insistentes exibições".[6] A servir-se simultaneamente dos lindos braços e dos cotovelos lisos, movendo-se enquanto dedilhava a harpa, do encanto da voz nas três ou quatro modinhas decoradas muito a custo, ou das sonatas ao piano, onde o corpo, entregando-se à música, insinuava abandonos mais completos e inconfessáveis. A combinar a oferta e a negativa, no ritmo sinuoso do andar, como no último decênio do século, onde os vestidos colantes travavam os membros, imprimindo à figura um ritmo pélvico roubado das grandes *cocottes* da época.

É sabido que a vestimenta se origina menos no pudor e na modéstia do que num velho truque de, através do ornamento, chamar a atenção sobre certas partes do corpo.[7] Com efeito, a moda começa realmente quando, a partir do século XV, descobriu-se que as roupas poderiam ser usadas com um compromisso entre o exibicionismo e o seu recalque (a modéstia).[8] Desde então duas tendências têm-se manifestado nas variações sucessivas da moda: a de devassar o corpo, fazendo com que o exibicionismo triunfe sobre o pudor, o instinto sexual expandindo-se em formas mais realísticas de expressão, e a de cobri-lo de disfarces, sob a coação do puritanismo e do decoro.[9] A primeira atitude, bastante rara, acompanha na maioria das vezes as grandes crises sociais e o afrouxamento da moral, como nos períodos que sucedem às guerras napoleônicas e ao conflito de 1914. A segunda, mais comum, caracteriza quase todo o século XIX e parte do século XX. Contudo, aqui mais do que lá, é evidente aquele compromisso de que falamos e que conduz a um autêntico recalque, à acentuação simbólica das características sexuais. Pois se agora o corpo se revela mais, libertado através dos véus tenuíssimos da Regência, como que houve um deslocamento dos interesses exibicionistas do corpo nu para a vestimenta. E se a roupa cobre, conscienciosamente, o corpo da mulher, nem por isso deixa de acentuar-lhe as características sexuais, aumentando-lhe os quadris, primeiro pela grande quantidade de anáguas, folhos e babados, depois pela crinolina, contraindo-lhe a cintura para melhor acentuar-lhe a pequenez através do contraste das mangas excessivas. Ou transformando-a, com o acréscimo da anquinha, numa Vênus calipígia, monstruosa.[10] O ritmo erótico, portanto, que consiste em chamar a atenção, sucessivamente, para cada parte do corpo, mantendo o instinto sexual sempre aceso, relaciona-se aqui, principalmente, com a parte que a vestimenta acentua e não com a que desnuda.[11]

Por outro lado, a vestimenta vai seguir a tendência geral da faceirice, acentuando a oferta interrompida através dos véus que escondiam a meio o rosto, combinando o despudor dos decotes com a multiplicação das anáguas. E se a fragilidade excessiva da cintura estava a pedir um braço que a contornasse, havia sempre entre o gesto solicitado e o corpo da mulher o empecilho intransponível da crinolina.

Esta poderosa fortaleza de aço era, aliás, um novo elemento na arte de seduzir, pois animada por uma oscilação ininterrupta, ora cobria, ora revelava os pés, criando ao rés do chão uma inquietante zona de espera. A literatura dessa época fornece-nos copiosos exemplos de pés indiscretos, "apertados em sapatinhos de cetim",[12] beliscando a orla da anágua,[13] cuja irrupção perturbadora na compacta estrutura feminina transformava-os em elementos altamente eróticos.[14] O mesmo acontecia com a ponta das rendas, que o mais leve movimento do corpo fazia divisar na barra da saia ou na linha do decote.

O jogo de esconde-esconde com que a mulher do século XIX chama a atenção para os seus encantos anatômicos, envolvendo-os em mistérios através da reticência e do disfarce, transformava-a numa verdadeira caixa de surpresas. Durante o dia eram menores os sustos, pois imperava a simplicidade e o recato: "O seu trajo habitual nestes passeios era de merino escuro, mantelete de seda preta e um chapéu de palha com laços azuis".[15]

As golas subiam muito discretas até bem alto no pescoço, e os punhos cerravam os pulsos onde, muitas vezes, a mão escondida na luva não se mostrava:

> Lúcia trazia nesta manhã um trajo quase severo: vestido escuro, afogado e de mangas compridas, com pouca roda, simples colarinho e punhos de linho rebatidos: cabelos negligentemente enrolados em basta madeixa, sem ornamento algum.[16]

Com a noite, porém, vinha uma mudança arbitrária nas regras de decência, e sempre havia a esperança de que, no teatro ou no baile, o vestido sublinhasse melhor a graça do corpo e os decotes deixassem transbordar os braços e colos nus:

> Quanto a Adelaide, toda à satisfação de brilhar, nem reparava na impaciência da amiga, nem se apercebia que o excessivo esvazamento de seu corpinho, com o reque-

bro que imprimia ao talho, desnudava-lhe quase todo o busto aos olhos do homem a quem voltava as costas.[17]

Então, um sem-número de recursos explodiam, inventando as flores nos cabelos e nos seios:

> Estava penteada com crespos e sobre sua cabeça ostentava-se orgulhosa uma rosa-constantino [...] trazia enfim, presa na altura do seio uma flor em tudo semelhante à da cabeça.[18]

Ou devassando a nuca, e servindo-se das joias para chamar a atenção para certas zonas do corpo:

> Seus opulentos cabelos colhidos na nuca por um diadema de opalas, borbotavam em cascatas sobre as alvas espáduas bombeadas [...]. Cingia o braço torneado que a manga arregaçada descobria até a curva, uma pulseira também de opalas, como eram o frouxo colar e os brincos de longos pingentes que tremulavam na ponta das orelhas de nácar.[19]

Um tal contraste entre a severidade do vestido de dia e a surpresa do traje de noite reforçava, sobremodo, o ritmo erótico, o jogo de entregas parciais de que a mulher lançara mão para, sem ofender a moral burguesa de guardar as aparências, oferecer-se ao mesmo tempo a uma quantidade de homens. Aliás, essa posse a distância, realizada pela vestimenta em geral e muito particularmente pelo decote – e que funcionava tanto para as moças solteiras como para as senhoras casadas –, foi talvez um dos mais poderosos elementos de equilíbrio da sociedade daquele tempo. E fazia da reunião mundana o momento agudo na luta amorosa.[20]

Às governantes estava brecada mais esta oportunidade. Presas ao austero vestido preto que não fazia nenhuma concessão, viam-se confinadas à existência diurna do recato, retirando-se silenciosas para o seu canto assim que se iluminava o gás dos salões. Não admira, portanto, que

Mariana Carmelitana Pimenta
Fotografia Alemã dos Irmãos Passig \ Província de São Paulo, 1880.

tivessem desenvolvido um mecanismo de compensação, imaginando um universo regido pela supremacia dos valores morais. Que tivessem (pobres frustradas postas abaixo de sua classe e fora da competição amorosa) dado origem ao curioso movimento de autovalorização, que presenciamos na literatura da época com a série de governantes maltratadas e de vontade de ferro. A mais pungente de todas talvez seja Jane Eyre, a jovem de grande elevação moral, feia mas inteligente, que através das suas qualidades de espírito vence a bela rival e triunfa no coração impe-

A mestra de meninas.

Leontina Lacerda e filha (?) \ Foto J. Vollsack \ São Paulo.

tuoso de Rochester. O que isto significa como recuperação de posições perdidas de todo um grupo que se sentia explorado e posto à margem da vida... Que não participava de nenhuma das regalias gozadas pela mulher e que adoçavam tanto a existência: direito de ter ócio, de ser bela, de resplandecer nos vestidos e competir com as outras na luta entre os sexos. Injustiça que a clarividente Becky Sharp cedo percebeu, abandonando as normas de sua classe, pois que a luta tinha de ser travada noutro campo, e as armas poderosas eram a graça das maneiras e o encanto dos braços.[21]

A jovem mãe.

Cena de café em Paris \ Rodolfo Amoedo \ aquarela
Museu Nacional de Belas Artes \ Rio de Janeiro.

Contudo, num fenômeno complexo como a moda não existe um limite nítido entre a função que desempenha na luta sexual e a importância que adquire na realização completa do indivíduo. Se bem que imprescindível, o casamento não colocava um ponto final nas frustrações da mulher. E se a maioria dos romances femininos dessa época, escritos em grande parte por mulheres e pululando em forma de folhetim nas revistas de senhoras, termina nesse momento almejado, é talvez porque aí começava uma série de desencontros na correspondência afetiva, cuja análise chocaria a moral puritana. Nem poderia ser de outro modo quando os tabus rigorosos relacionados com as questões sexuais abandonavam as mulheres, sem nenhum preparo, à experiência do casamento; quando a realidade dos filhos, multiplicando-se cada ano com o perigo sempre crescente dos partos, era bem diversa da atmosfera de fantasia que povoava de heróis o devaneio da mocinha. E se ainda hoje, depois de mais de um século de conquistas femininas, a mulher ainda se move como estranha num mundo feito pelos homens e em contradição com a sua índole, naquela época

A mulher continua movendo-se como estranha,
num mundo feito e dominado pelos homens.

era, na verdade, a prisioneira submissa de um universo que, incomunicável, não suspeitava o fluir de sua alma subterrânea.²²

O bloqueio dos seres, porém, raramente é total, e a sociedade deixa sempre certas frinchas por onde entra um pouco de luz e os impulsos se comunicam com o mundo. Abandonada a si mesma, a mulher aplicou aquela curiosidade desassossegada de se encontrar, que o ócio acentuava, no interesse pela moda. Enquanto ao companheiro a sociedade permitia a realização integral da individualidade na profissão, nas ciências ou nas artes, a ela negava interesses de outro tipo além dos ligados à casa, aos filhos e a sua pessoa. Era como se não tivesse um cérebro, como se o exercício da inteligência tornasse duros os seus traços e lhe empanasse o brilho da virtude.²³ As preocupações do espírito, estas eram privativas do homem, dono das artes, da literatura e do destino de seus semelhantes. Feita de outra substância, sua arena era o salão mundano, onde assumia uma nova identidade a que todos se rendiam enlevados. Nesse sentido, vale a pena transcrever parte da crônica social de 26 de julho de 1860 da *Revista Popular*, que, reportando-se a um dos últimos bailes da corte, dá notícia detalhada dos vestidos e de suas donas.

> O primeiro [vestido], o que causou maior espectação, era feito de *moiré antique* cor de flor de alecrim, encoberto por um largo babado e uma túnica de renda de Bruxelas; tanto aquele como esta formavam um regaço preso por delicado laço de fita orlado da mesma renda. A guarnição do corpinho, onde só entrava o filó de seda comprimido por pregas estreitinhas, era rica e ao mesmo tempo simples; porém cumpre confessá-lo, a elegância do trajo era realçada pelo porte majestoso da pessoa que com ele se adornava. A sra. G. P. cujos olhos lindos e expressivos não se deixavam vencer pelos mil focos de luz desprendidos dos brilhantes, que lhe enfeitavam o colo, o pulso e o peito, subjugava com os seus dotes naturais a beleza dos artefatos, que em parte os ocultavam.
>
> Acompanhava esta senhora sua irmã D.B., mimosa flor ainda em botão, que promete um desabrochar deslumbrante. Alva, no meio das brancas dobras de seu vestido de escumilha abainhado por um fofo, mal distinguireis o brando arfar de seu peito

puro e virginal. A túnica lisa, que servia de segunda saia ao vestido simples e modesto, era arregaçada por uma guarnição de folhas verdes; o adorno do corpinho limitava-se igualmente a um ramo de folhas e o alfinete do penteado compunha-se de uma grinalda verde e de ouro [...] os outros trajes que mais me agradaram foram os das sras. N. da G. e C. M.; o primeiro primava no luxo, na riqueza e na perfeição; eram a seda e a gaze entrelaçadas com arte e magnificência, eram as pérolas e os brilhantes casados com a mocidade e a formosura. O segundo distinguia-se pela singeleza que presidira à sua confecção; a finura da cassa substituiu as ondulações do chamalote, os traços verde-claros que cobriam o fino tecido aboliram a ideia de se lhe ajuntar uma fita, uma renda, um quer que seja para adorná-lo: é assim que traja a candidez.

Tendo a moda como único meio lícito de expressão, a mulher atirou-se à descoberta de sua individualidade, inquieta, a cada momento insatisfeita, refazendo por si o próprio corpo, aumentando exageradamente os quadris, comprimindo a cintura, violentando o movimento natural dos cabelos. Procurou em si – já que não lhe sobrava outro recurso – a busca de seu ser, a pesquisa atenta de sua alma. E aos poucos, como o artista que não se submete à natureza, impôs à figura real uma forma fictícia, reunindo os traços esparsos numa concordância necessária.

[...] chegada ao meio da vida Odette havia finalmente descoberto ou inventado uma fisionomia pessoal, um "caráter" imutável, um "gênero de beleza", e sobre os seus traços descosidos [...] aplicara esse tipo fixo, como uma juventude imortal.[24]

Criava assim uma obra de arte com o próprio corpo, substituindo o belo natural pelo belo artístico, produto de uma disciplina do espírito.[25]

O retrato era anterior à época em que Odette, disciplinando seus traços, fizera do rosto e do talhe esta criação que, através dos anos, seus penteados, seus costureiros, ela mesma – na maneira de se ter, de falar, de sorrir, de pensar, de descansar as mãos e os olhos – devia respeitar as grandes linhas.[26]

Realizava nessa "alienação para o exterior", de que fala Hegel, um outro "si-mesmo", materializando os estados de sua alma através do espírito da cor e do tecido e substituindo a cada momento a atmosfera que a envolvia, como o pintor varia a paisagem de fundo de seu quadro para nos impregnar do espírito que o possui.[27]

> Cada um de seus vestidos aparecia-me como um ambiente natural, necessário como a projeção de um aspecto particular de sua alma. Uma dessas manhãs de quaresma em que ia almoçar na cidade, encontrei-a num vestido de veludo vermelho-claro, ligeiramente chanfrado no pescoço. O rosto de Mme. de Guermantes parecia sonhador sob os cabelos louros. Eu estava menos triste que habitualmente porque a melancolia de sua expressão, a espécie de clausura que a violência da cor punha entre ela e o resto do mundo, dava-lhe qualquer coisa de infeliz e solitário que me acalmava. Esse vestido parecia-me a materialização à sua volta dos raios escarlates de um coração que eu não conhecia e que talvez pudesse consolar; refugiado na luz mística do tecido de contornos suaves, ela me fazia pensar em alguma santa das primeiras eras cristãs.[28]

E acrescentando o gesto à composição de linhas e de cores, a mulher transforma-se numa escultura fantasmal que não contém em si apenas o "esboço do movimento", o "começo da ação" das esculturas reais, mas vive na plenitude da conquista do espaço, comunicando-se com o ambiente numa ligação necessária.[29]

> De repente, sobre a areia da alameda, lenta e luxuriante, como a flor mais bela que apenas se entreabre à luz plena do sol, Mme. Swann aparecia, derramando à sua volta um traje sempre diverso mas que, eu me lembro, era sobretudo malva; então, no momento de sua irradiação mais completa, içava e desdobrava sobre um longo pedúnculo o toldo de seda de uma grande umbrela, no mesmo tom que o desfolhar em pétalas de seu vestido.[30]

1. Guimarães e Cia. Fotógrafos \ 2. Insley e Pacheco.

3. Henschel e Benque \ 4. Henschel e Cia.

Gabriela Brandão e a prima Laura Carneiro de Mendonça
Fotografia Alemã, Henschel e Benque, fotógrafos da Casa Imperial \ Rio de Janeiro, c. 1872.

Laura Carneiro de Mendonça de Carvalho Tolentino,
c. 1890 \ sem referência do fotógrafo.

As idades de uma senhora da Corte,

nos anos de 1860 a 1890.

Gavarni (Guillaume-Sulpice Chévallier).

É através dessa caligrafia dos gestos que a mulher revela a sua alma contida, reclusa, ligada aos objetos de que se apodera harmoniosamente, absorvendo-os no seu ritmo total. Encerrada em si, menos por uma necessidade de sua natureza do que por imposição da sociedade,[31] reabsorve o impulso artístico, mergulhando a sua personalidade toda na obra de arte que inscreve no cotidiano:

O grande desafio feminino seria buscar um novo equilíbrio, em harmonia com a sua índole.

Cynira Bueno \ *Photographie des Grands Magasins du Louvre* \ Paris, 1909.

[...] vi de longe caminhando em nossa direção, a princesa de Luxemburgo, meio apoiada numa umbrela, como que para imprimir ao seu grande e deslumbrante corpo uma ligeira inclinação, fazendo-o desenhar aquele arabesco tão caro às mulheres que foram belas durante o Império e que, os ombros descidos, o dorso bombeado, o flanco retraído, a perna retesada, sabiam fazer o corpo flutuar como um lenço, em torno da armação invisível de uma haste inflexível.[32]

"Le repos est le silence du corps."

Essa criação artística, poderoso elemento na luta entre os sexos, em que realiza a procura de seu ser, é ainda o elemento de diferenciação pessoal dentro do grupo. Pois não tanto o vestido – a opulência dos tecidos e a exuberância dos folhos – mas a maneira de usá-lo, de fazê-lo concordar com o seu corpo e a sua alma, de imprimir o movimento à estrutura total, distingue as mulheres entre si. Não tanto o quadro estático, mas toda essa ritmia de gestos que se revela no arrepanhar das saias, no esconder-se atrás do leque, no chegar ao corpo a mantilha ou o xale, no alçar sobre si languidamente a umbrela.[33] Pois assim como aceitou a moral relacionada com os hábitos do corpo, a mulher desenvolveu ao infinito as artes relacionadas com a sua pessoa criando um *estilo de existência* – talvez a sua única contribuição original à cultura masculina.

Por isso, quando da segunda metade do século XIX em diante começou a interessar-se pelas profissões, encontrou-se diante de um impasse. A carreira, privativa do homem e compreendida, como vimos, em termos de austeridade do traje, obrigava-a a desinteressar-se do adorno e a renunciar ao comportamento narcísico, como as governantes já o tinham feito e como o vão fazer as *sufragettes*. Mas não se desiste impunemente de velhos hábitos que anos de vida bloqueada desenvolveram como uma segunda natureza. E lançando-se no áspero mundo dos homens, a mulher viu-se dilacerada entre dois polos, vivendo simultaneamente em dois mundos, com duas ordens diversas de valores.[34] Para viver dentro da profissão adaptou-se à mentalidade masculina da eficiência e do despojamento, copiando os hábitos do grupo dominante, a sua maneira de vestir, desgostando-se com tudo aquilo que, por ser característico de seu sexo, surgia como símbolo de inferioridade: o brilho dos vestidos, a graça dos movimentos, o ondulado do corpo.[35] E se na profissão era sempre olhada um pouco como um amador, dentro de seu grupo, onde os valores ainda se relacionavam com a arte de seduzir, representava um verdadeiro fracasso. Não é de espantar que esse dilaceramento tenha levado a mulher ao estado de insegurança e dúvida que perdura até hoje. Pois perdeu o seu elemento mais poderoso de afirmação e ainda não adquiriu aquela confiança em si que séculos de trabalho implantaram no homem.

Mas é possível que ainda encontre um divisor comum entre os valores de seu grupo e os valores do grupo masculino, e aprenda a inscrever no novo curso de sua vida aqueles elementos que se gravaram na sua individualidade e fazem como que parte do seu ser. E que, combinando a graça com a eficiência, encontre para si um novo equilíbrio, tão harmonioso como o estilo de vida da mulher do século XIX.

A LUTA DAS CLASSES

O casal Josefa e João José Carneiro de Mendonça, a filha Ana Luisa, o genro Antonio Paulino Limpo de Abreu e, atrás, os filhos Eduardo e Joaquim Rio de Janeiro, 1841.

UM CONTRASTE NÃO MENOS NÍTIDO que o da oposição dos sexos é o fornecido pela oposição das classes numa determinada sociedade, a qual tende a se revelar através de certos sinais exteriores como a vestimenta, as maneiras, a linguagem, chegando mesmo a refletir-se no modo pelo qual as pessoas se distribuem no espaço geográfico.

É assim que podemos, por assim dizer, visualizar as sutis diferenças que separam os grupos entre si, pois elas aqui e ali se petrificam, as diversas áreas residenciais urbanas simbolizando as diversas classes sociais, os indivíduos espalhando-se pelos bairros de uma cidade de acordo com os grupos a que pertencem, como se procurassem, através de uma unidade local, reforçar a identidade de usos e costumes, de hábitos e mentalidade. Como se, numa existência de aproximação constante e de frequente confusão de seres de estratos diversos a que a vida urbana nos obriga, fosse necessário para preservar uma demarcação social existente, mas ameaçada, reforçar a todo momento uma realidade imponderável, cuja exteriorização conferisse a cada um uma segurança maior. Os próprios lugares públicos repetem ainda a hierarquia da sociedade, que se estampa nos assentos de um teatro, onde as frisas e os camarotes dominam em seu status superior a plateia, em que esta, por sua vez, avança na frente dos balcões, o anfiteatro fechando plebeiamente o círculo do público. Que se reflete nos salões dos restaurantes onde, às vezes, ao lado do salão anônimo que serve à clientela distinta mas mais ou menos amorfa, situa-se a sala pequena em que apenas tem acesso a alta nobreza dos

Charlus e dos condes de Saint Loup.[1] Assim, os bairros de uma cidade, as disposições dos lugares de um teatro, o desdobramento das salas de um restaurante, nos oferecem uma visão concreta de certos afastamentos e contrastes da sociedade.

No entanto, à maneira de uma radiografia que nos revela, na sua nitidez, detalhes imperceptíveis ao olho nu mas que, sendo estática, não retém a vida, o palpitar do coração, o fluir constante do sangue nas artérias, enfim, os fenômenos fisiológicos que se produzem no interior do nosso corpo, este esquema seco da sociedade também não nos faz suspeitar a luta surda e subterrânea dos grupos, a ininterrupta substituição dos indivíduos num arcabouço mais ou menos fixo.

Pois a separação das classes não é rígida como a que existe entre as castas ou, mesmo, como a que separa o grupo masculino do feminino. A classe é aberta e percorrida por um movimento contínuo de ascensão e descida, o qual afeta constantemente a sua estrutura, colocando os indivíduos de maneira diversa, uns em relação aos outros. A sociedade do século XIX, ao contrário daquela que a precedeu, não opõe mais, nem mesmo entre a burguesia e a nobreza, barreiras intransponíveis, preservadas pelo próprio Estado através das leis suntuárias ou das questões de precedência e de nível. A Revolução Francesa, abolindo os privilégios, vai destruir também o preconceito de que nobreza e burguesia "eram duas raças humanas distintas, cuja separação havia de subsistir até no outro mundo".[2] E a nova força que surge dos escombros da antiga ordem é a classe média, cuja característica principal, nas palavras de Simmel, é ser expansiva para cima e para baixo, seu impulso de ascensão sendo tão violento que a leva a desrespeitar a força repulsiva da nobreza.[3]

Esta possibilidade nova de comunicação entre os grupos substitui a antiga fixidez, ou melhor, a fixidez relativa da estrutura social, por uma constante mobilidade, fazendo com que a sociedade se assemelhe, na admirável comparação de Proust, "aos caleidoscópios que giram de tempos em tempos, colocando sucessivamente de maneira diversa elementos que acreditávamos imóveis, e compondo uma outra figura".[4] Agora, romperam-se de certa forma os quadros estáveis e nenhuma posição é permanente, já que os privilégios foram substituídos pelas qualidades pessoais e os critérios absolutos de julgamento, de uma pessoa ou de um grupo, cederam lugar aos critérios flutuantes e variáveis.[5] Por isso, a cada passo o sensível caleidoscópio adota uma nova disposição, gerada ora por uma brusca mudança de critério, ora por pequenos acidentes, como uma transação econômica certeira, uma amizade proveitosa, um golpe da fortuna, que sub-repticiamente transferem o indivíduo de classe:

> Numa época um pouco posterior àquela em que eu começava a frequentar a casa de Mme. Swann, o caso Dreyfus acarretou uma nova mudança e o caleidoscópio fez girar de novo os seus pequenos losangos coloridos. Tudo o que era judeu, mesmo a senhora elegante, passou para baixo e os nacionalistas obscuros subiram tomando-lhe o lugar. O salão mais brilhante de Paris passou a ser então o de um príncipe austríaco e ultracatólico. Mas se em vez do caso Dreyfus sobreviesse uma guerra com a Alemanha o giro do caleidoscópio se faria noutro sentido. Os judeus, revelando-se patriotas, para espanto geral teriam conservado sua posição, e ninguém mais ousaria ir, nem mesmo confessar ter ido um dia à casa do príncipe austríaco.[6]

É esta precariedade das posições sociais que Balzac sintetiza muito bem numa frase do *Traité de la Vie Élegante*:

> O talento, o dinheiro e o poder conferindo os mesmos direitos, o homem aparentemente frágil e despojado que cumprimentais contrafeito com um ligeiro aceno de cabeça, logo estará no ápice do Estado, e aquele que saudais obsequiosamente voltará amanhã ao nada da fortuna sem poder.[7]

Em sociedades de formação recente, como no Brasil do século XIX, onde os grupos não se encontram suficientemente caracterizados, diferenciando-se entre si por uma tradição de usos, costumes e maneiras próprias, a posse da riqueza é a grande modificadora da estrutura social.

O nosso romance romântico é rico em observações sobre o poder do dinheiro, que Alencar considera "a primeira força viva da existência":

> Habituei-me a considerar a riqueza como a primeira força da existência e os exemplos ensinaram-me que o casamento era meio tão legítimo de adquiri-la como a herança e qualquer honesta especulação.[8]

E que Macedo acredita comandar a tábua de valores vigentes, conferindo qualidades imprevistas ao seu possuidor:

> Uma mulher rica é a chave de ouro que abre as portas da política e das grandezas, é o talismã poderoso que tornará o marido homem de bem ainda que seja um tratante, formoso como Adônis ainda que seja um Vulcano! Uma mulher que se faz acompanhar de pingue dote é fresca como um botão de rosa, mesmo tendo mais de sessenta anos de idade, e bela como a Vênus de Milo, mesmo com uma cara de desmamar crianças.[9]

Ou que para Machado de Assis se alastra num sentimento universal de posse:

> Cotejava o passado com o presente. Que era há um ano? Professor. Que é agora? Capitalista. Olha para si, para as chinelas [...] e tudo, desde as chinelas até o céu, tudo entra na mesma sensação de propriedade.[10]

Com efeito, o padrão pecuniário é todo-poderoso e dirige as relações sociais, multiplicando as amizades e guiando os impulsos do coração:

> As revoltas mais impetuosas de Aurélia eram justamente contra a riqueza [...] sem a qual nunca por certo, apesar de suas prendas, receberia [...] a vassalagem que lhe rendiam. Por isso mesmo considerava ela o ouro um vil metal que rebaixava os homens: e no íntimo sentia-se profundamente humilhada pensando que para toda

essa gente que a cercava, ela, sua pessoa, não merecia uma só das bajulações que tributavam a cada um dos seus mil contos de réis.[11]

Um livro como *Quincas Borba*, de Machado de Assis, dá-nos a visão preciosa de uma sociedade desse tipo, onde à riqueza cabe a supremacia, a felicidade nos negócios fazendo o indivíduo alcançar um alto posto na escala social, da mesma forma que uma herança dilapidada o arremessa ao ponto inicial donde partira para uma trajetória brilhante e fugaz.[12] Dá-nos uma visão preciosa desse recompor-se constante do caleidoscópio, com os afastamentos infindáveis das amizades antigas, o apego sôfrego dos mais modestos aos hábitos da classe dominante, a amargura dos que se negam a aceitar a figura movediça da sociedade:

Ora o Palha um pé-rapado! Já o envergonho. Antigamente: major, um brinde. Eu fazia muitos brindes, tinha certo desembaraço. Jogávamos o voltarete. Agora está nas grandezas; anda como gente fina. Ah vaidade deste mundo! Pois não vi outro dia a mulher dele num *coupé* com outra? A Sofia de *coupé*![13]

Porém, nas sociedades em que as classes se encontram separadas por estilos de vida diversos, conservados pela tradição, o sentimento de classe é muito forte e a comunicação entre os grupos se faz laboriosamente. A posse do dinheiro não é um elemento tão efetivo de subida não só porque o que distingue as classes entre si é menos a riqueza que a sua utilização, como também porque a realidade das mesmas reside de maneira bastante nítida num julgamento de opinião – o homem não vale pelo que tem mas pela consideração que goza.[14] Ora, nesta "consideração" a riqueza é apenas um dos elementos, a família, a situação social e, mesmo, a participação na vida mundana sendo outros tantos, não menos importantes.[15] E assim como um acidente pode, segundo vimos, privar o indivíduo dos bens econômicos ou acrescentá-los aos outros elementos de prestígio, um casamento brilhante ou a simpatia de uma *coterie* na moda modificará a seu favor o julgamento de opinião de todo um grupo.

Pois a vida mundana, mesmo a que se realiza nos salões aristocráticos, é relativamente aberta. À volta do núcleo central da elite está sempre girando um círculo flutuante bastante vasto, que procura pautar sua vida pelo ritmo desta última e a ela assimilar-se pela identidade de comportamento.[16] A nova sociedade, de barreiras bem mais atenuadas, a cada passo está oferecendo oportunidades a esses arrivistas em pleno movimento ascensional, nos constantes contatos diários, nos passeios públicos e nos teatros e, sobretudo, nas festas de caridade e nas estações de águas para onde, da segunda metade do século em diante, se transferem, de tempos em tempos, os grupos ociosos. Estas breves relações superficiais quase sempre sem consequências, que se estabelecem entre indivíduos de classes diversas, como por exemplo a dama aristocrática e a burguesa enriquecida que não tem ingresso em seu salão, podem contudo auxiliar uma integração efetiva. Especialmente se o contato efêmero se reforçar através de apadrinhamento ilustre – como é o caso de Becky Sharp com Lord Steyne em *The Vanity Fair*, de Thackeray – ou de um astucioso mimetismo que, copiando com maestria o estilo de vida do *grand monde*, faz com que este, quase sempre sem perceber a artimanha do arrivista, o aceite como um dos seus. Este processo é mais eficaz que a posse simples do dinheiro ou os privilégios de nascimento, quando ambos não se fazem acompanhar de um correspondente requinte de maneiras de ser e de sentir. No salão Guermantes, o narrador de Proust será mais depressa recebido que a marquesa de Cambremer.

Portanto, ainda nestes círculos de acesso mais difícil, o caleidoscópio social está sujeito a mudanças. E toda a série de *À la Recherche du Temps Perdu*, grande parte da *La Comédie Humaine* e do romance brasileiro da segunda metade do século – principalmente a obra de Machado de Assis – formam uma exemplificação exaustiva das variações no tempo da figura da sociedade, as quais fazem com que "um mesmo ser, tomado em momentos sucessivos da vida, se banhe em diferentes graus da escala social em meios que não são forçosamente mais elevados".[17]

Joaquim Lourenço Corrêa, defronte de casa, na fazenda São Francisco
Araraquara \ c. 1860-1865.

No entanto, mais curiosa que a variação do caleidoscópio no tempo é a sua variação no espaço. Pois se lá a demarcação social que a todo momento se recompõe deriva das oscilações quer da riqueza, quer dos critérios de julgamento, aqui provém talvez da diversidade de métodos de que lançam mão o campo e a cidade para demonstrar a posição social de seus membros.

Enquanto no grande centro urbano é através do consumo de bens e do requinte de maneiras que julgamos a respeitabilidade de uma classe, o indivíduo tendo necessidade, para atingir um círculo muito mais vasto, de acentuar as diferenças sociais nos elementos passíveis de observação

No campo, o prestígio apoia-se nos bens efetivos, a terra,
os escravos, os filhos, a mulher.

Francisca Miquelina Corrêa de Moraes, primeira mulher do comendador Joaquim Lourenço Corrêa \ fotos anteriores a 1870.

direta – como a vestimenta –, no campo, onde o vínculo é comunitário e o grupo suficientemente pequeno, é através do conhecimento efetivo da história de cada um – de sua história familiar, econômica ou social – que situamos o indivíduo nesta ou naquela classe.[18] Os valores preponderantes são, por conseguinte, outros: a ostentação da riqueza espelha-se – como diz Gilberto Freyre, referindo-se ao Brasil – "nos cavalos ajaezados de prata [...] no número de escravos e na extensão das terras".[19] Em contraste com a vida europeizada dos burgueses de sobrado, esses rudes fazendeiros ricos movem-se dentro do maior desconforto, dormindo em catres ou redes, habitando casas nuas, com as roupas guardadas nos baús ou suspensas em cordas.[20] A vestimenta, como o interior das moradias, desconhece a moda. E para verificarmos a veracidade desta afirmação

Na aparência destas pessoas, nada revela a posição de destaque, a qualidade de ricos proprietários rurais.

basta nos determos um momento diante de certas fotografias de fazendeiros, como a coleção, de 1876, onde vem retratada uma família do interior paulista. É provável que todas as chapas – onde vemos, cada um por sua vez, o velho chefe, a esposa e os filhos do casal, solteiros e casados com suas mulheres e maridos – tivessem sido batidas no mesmo dia, por um fotógrafo ambulante, em trânsito pelo lugar. Na aparência dessas pessoas nada revela a posição social de destaque, a qualidade de ricos proprietários rurais. Nenhuma concessão na roupa muito simples: sobrecasaca preta folgada, cômodas botinas de elástico para os homens; vestido preto desataviado para as mulheres, em que se repete com monotonia nas seis moças – filhas e noras – exatamente o mesmo feitio, com duas pequenas variantes nas golas e nas mangas. O mesmo penteado liso, repartido ao meio, a mesma fivela para todas as cinturas. Apenas a mãe demonstra um cuidado maior no feitio mais elaborado da vestimenta com as suas três ordens de franzidos, nos debruns de veludo sobre a nobreza preta e nas joias. Poucas joias – o habitual trancelim de ouro donde pende uma cruz e que depois de contornar o pescoço se fixa na cintura, terminando num pequeno relógio. No pulso esquerdo um bracelete. Mas completemos o exame com outra fotografia, talvez um pouco anterior a esta série, do patriarca montado a cavalo, diante de casa. De novo a sobrecasaca de todos os momentos, mais o chapéu de abas largas e o rebenque na mão. No primeiro plano se eleva a figura realmente temível do velho senhor rural, no segundo plano, sustentando as rédeas do cavalo e subindo pelas escadas da habitação rústica da fazenda, alinham-se os escravos, desde o pajem descalço na sua versão mais modesta da sobrecasaca do amo, até as negras com as suas crias; em seguida, meio escondidas pelo imponente vulto equestre, as filhas e a mulher. Dificilmente se encontrará no Brasil um documento revelador como este do espírito da sociedade rural de então e de um tipo de prestígio que, para se exibir, apoia-se diretamente nos bens efetivos, a terra, os escravos, os filhos, a mulher, desprezando os "símbolos" da situação social, dominantes na cultura urbana.

*Joaquim Sampaio Peixoto e a mulher Ana Corrêa da Rocha \ Domingos José Carneiro e a mulher Francisca Corrêa da Rocha, ambas filhas do comendador * Fotos anteriores a 1870.

Esta oposição abrupta entre o estilo de vida do campo e o da cidade, que assim se reflete em duas atitudes opostas diante da vestimenta, não é um fenômeno brasileiro. Mais evidente em certos recantos, mais atenuada em outros, existe sempre.

A oposição à moda por parte das camadas rurais – diz Ayala – manteve-se integral e muito vigorosa até época recente, pois os membros dessas camadas permaneciam como vinculados à gleba, fiéis à concepção medieval da vida e, enquadrados em sua posição, repeliam com dignidade e pudor toda sugestão que os convidava a participar das manifestações da moda. Mantinham-se apegados à indumentária tradicional ou típica, distinta do traje citadino; e só a atração das cidades, mediante a conscrição militar, o serviço doméstico e o mercado de trabalho industrial, começou

Joaquim Lourenço Corrêa Filho \ Carlota Corrêa da Rocha, filhos também do comendador.

a quebrar aquela atitude que se desenvolve definitivamente, quando, na última fase da sociedade burguesa, os protótipos urbanos se estenderam aos núcleos rurais, desmantelando aqueles últimos redutos da tradição pré-burguesa.[21]

Quando finalmente – acrescentamos nós – a construção das estradas de ferro e o desenvolvimento da imprensa destruíram lentamente a "diversidade no espaço" de que fala Tarde, espalhando por todo o canto o desejo de um gênero idêntico de conforto, moradia, vestimenta e polidez.[22]

Então, um curioso fenômeno se manifesta, à medida que o isolamento do campo é rompido e o senhor rural restabelece com a cidade um contato mais ou menos perdido. A limitação dos grupos rurais e a falta de pontos de reparo, impedindo a visão panorâmica da sociedade, haviam

*No centro, em pé, o coronel Antonio Candido de Mello e Souza, fazendeiro de gado
no sul de Minas, entre cabos eleitorais, em dia de eleição*
Fotografia Italiana Henrique Sormani \ Santa Rita de Cássia \ c. 1900.

desenvolvido em cada pequena comunidade uma certa miopia e estabelecido figuras locais de validade absoluta. Por isso, cada lugarejo tinha, como Balbec, a sua marquesa de Cambremer, que dominava de "muito alto, por seu nascimento e a sua fortuna, a pequena nobreza dos arredores".[23] Mas transferindo-se para o grande centro urbano, definitivamente ou numa das visitas periódicas que a facilidade maior de comunicação agora torna possível, o indivíduo sofre um desnivelamento fatal, derivado da oposição entre os valores que no campo definem o seu prestígio e aqueles que imperam na cidade. Longe dos conhecimentos de vizinhança, nos quais se assenta em grande parte o sentimento de sua posição social, dissolve-se no anonimato da massa citadina. No Brasil, o atraso de estilo de vida, a rustici-

José Paulino Nogueira – primeiro à esquerda – e amigos, em Poços de Caldas.
Foto M. B. de Sá Vasconcellos \ Poços de Caldas.

dade de maneiras e de vestimenta o transformaram no matuto da nossa literatura e do nosso folclore.[24] E uma coisa tão insignificante quanto um simples salto no espaço provoca a recomposição completa no sensível caleidoscópio social.

Uma sociedade deste tipo, em que as relações sociais estão sujeitas a frequentes mudanças no tempo e no espaço; em que predomina uma variedade muito grande de critérios de julgamento; em que as demarcações sociais não são intransponíveis e a comunicação entre os grupos é uma regra – uma sociedade deste tipo, em que a classe é uma coisa relativa e os critérios de que lançamos mão para julgá-la são precários, favorece fatalmente o desenvolvimento daquilo que Tarde chamou o "espírito de moda". A imitação não funciona mais no interior de um grupo, como a

A juventude urbana, veraneando na estação de águas.

Bento Carlos de Arruda Botelho, o velho, fazendeiro de café em São Carlos
Foto Carneiro e Gaspar \ Rio de Janeiro, decênio de 1860.
Ananias Corrêa (ou Ananias Rocha) \ Foto J. Perez e Cia. \ Araraquara.

família, auxiliada pela hereditariedade, preservando os usos e costumes no tempo e diferenciando-os no espaço; mas realiza-se fora, pela livre imitação do exterior: "Isso significa que cada um, em vez de se propor por modelo único o patrão, o chefe, os decanos de sua família profissional, lança os olhos em volta de si e procura copiar os membros de outras carreiras".[25] Procura imitar os padrões das classes mais altas, pois são elas que determinam o esquema de vida da comunidade.[26] Ora, neste impulso de identificação das classes a vestimenta talvez seja o sinal mais eficaz, de influência direta sobre o próximo: "A vantagem que o gasto com a roupa apresenta sobre os outros métodos é que a vestimenta está sempre em evidência e oferece, à primeira vista, a todos os observadores, uma indicação de nosso padrão pecuniário", observa Veblen.[27] É a mesma verdade sociológica que Balzac expressa de maneira irreverente:

Com o abrandamento das demarcações sociais,
o alforriado pode, através da vestimenta, identificar-se ao aristocrata rural.

Como a vaidade é a arte de se endomingar todos os dias, cada homem sentiu a necessidade de ter, como marca de seu poder, um sinal encarregado de avisar aos passantes o lugar que ocupa no grande pau de sebo em cujo topo os reis fazem ginástica. Foi assim que as roupas se transformaram, sucessivamente, em sinais materiais do maior ou menor número de fantasias que tinha o direito de satisfazer, do maior ou menor número de homens, de pensamentos, de trabalhadores que lhe era possível explorar. Então um transeunte, apenas olhando, distinguia um ocioso de um trabalhador, uma cifra de um zero.[28]

Isto porque a vestimenta é uma linguagem simbólica, um estratagema de que o homem sempre se serviu para tornar inteligíveis uma série de ideias como o estado emocional, as ocasiões sociais, a ocupação ou o nível do portador.[29] Cada classe, por exemplo, possuía um certo número de sinais que a caracterizavam: uma ampliação determinada da saia das mulheres ou do gibão dos homens,[30] um dado comprimento ou uma dada largura dos sapatos,[31] uma extensão diversa da cauda, dos véus[32] ou das mangas.[33] Tais recursos, que à medida que se elevava na escala social se tornavam mais exagerados, teriam como objetivo – é o ponto de vista de Veblen – demonstrar através do desconforto, a todos os observadores, que seu portador não estava empenhado em nenhuma espécie de trabalho produtivo e pertencia, por conseguinte, à classe privilegiada, à classe ociosa.[34] Esta seria a razão da voga das unhas longas e dos saltos altos, que tolhiam a agilidade e os movimentos. Estendendo a outras manifestações da moda o ponto de vista de Veblen, diríamos que tinham a mesma finalidade as luvas extraordinariamente justas da época vitoriana que, na opinião de Cunnington, deformavam a mão das mulheres de maneira quase análoga aos pés das chinesas. Ou os espartilhos, que comprimindo violentamente as formas femininas, dificultavam a respiração. Todos esses expedientes, que pareciam desempenhar uma função estética, eram na verdade empecilhos vitais, usados para sublinhar o nível social.

As princesas D. Isabel e D. Leopoldina, filhas do Imperador Pedro II
Biard \ óleo.

Mas detenhamo-nos um pouco neste último elemento de distinção social – o espartilho ou colete – que perdura até nossos dias e deriva da *basquine* ou do *vertugadin* do século XVI. Desde então até o advento do esporte, excetuando alguns breves momentos de desprestígio, o espartilho tem reinado, embora mudando de nome e de forma, sempre indiferente às acusações que se elevam contra ele. Pelo século XIX afora ressoam nos jornais e revistas os protestos contra os seus inconvenientes,[35] as opiniões hostis, que veem nele um responsável terrível pelas deformações do esqueleto e curvaturas da coluna. O próprio Estado se preocupa com ele: no princípio do século XIX, a Rússia, a Baviera e a Rumânia começam a

A saia-balão foi um dos sinais
utilizados pela linguagem simbólica da vestimenta
para sublinhar o nível social do portador.

legislar contra o seu uso, que achavam extremamente nocivo, sobretudo às meninas em idade de crescimento. No entanto, a voz masculina que se eleva de quando em quando para condenar com ardor a futilidade das mulheres provavelmente já tinha esquecido os bustos de cera que, segundo diziam, se fabricavam em Londres por volta de 1789 e estufavam as colantes casacas masculinas; ou as não menos higiênicas constrições de que lançavam mão os homens, de consequências às vezes desastrosas, como as que sofreu um certo senhor Dorville no baile de Ano-Bom da embaixada russa em Berlim, o qual, segundo Max von Boehn, "depois de muito bailar caiu sem sentidos, pois por vaidade havia apertado a cintura, o pescoço e os joelhos, a ponto de morrer".[36]

Mas é preciso convir que o espartilho é no século XIX quase exclusivamente feminino. A nova era que se abre com a Revolução Francesa despreza, juntamente com todos os outros símbolos de classe, este elemento poderoso de distinção, e a voga da falsa naturalidade e das túnicas pseudogregas abala o seu prestígio. Mas de 1830 em diante, rompendo o círculo restrito das elegantes, o espartilho começa a ser usado pelas mulheres dos níveis mais diversos, ligando a sua história à ascensão da burguesia e à difusão das ideias democráticas.[37]

A saia-balão e a crinolina[38] são outros dois símbolos de classe que, alcançando o seu exagero máximo justamente no período em que o desenvolvimento das estradas de ferro incrementava as viagens, mostram como coerência e comodidade são elementos estranhos à moda, sobretudo à moda feminina. Ambas tolhiam sobremodo os movimentos: a saia-balão, com a série portentosa de anáguas engomadas, seis ou sete ao todo, incluindo a indispensável, de flanela vermelha; a crinolina, com a monumental armação de aço que entulhava as salas, por maiores que elas fossem, e só por milagre cabia nas acomodações exíguas dos trens. Em 1860 a imperatriz Eugênia abandona esse mecanismo disfuncional, como diríamos hoje; mas em vez da evolução da roupa se fazer no sentido da simplicidade, como seria razoável, surge o empecilho das caudas

O escritor Hermann Hesse \ Suíça.

que, cada vez mais longas e elaboradas, se arrastam pesadas, varrendo a poeira e a imundície da via pública. As ideias de emancipação feminina já estão correndo o mundo, e livres da prisão doméstica as mulheres se lançam à ronda habitual dos passeios, compras e visitas.

No decênio de 1880 as caudas diminuem, mas em compensação as saias ficam mais estreitas e cerram as ancas; e se andar é uma arte difícil que solicita grande habilidade, sentar-se sobre o emaranhado de fofos, apanhados e *poufs* que ornamentam a parte posterior dos vestidos torna-se quase uma utopia. No decênio seguinte o exagero é das mangas, portanto, nos últimos vinte anos do século, as mulheres têm os membros inferiores e superiores tolhidos, conclusão paradoxal se nos lembramos que por essa altura, na Inglaterra, mais ou menos 200 mil mulheres exercem profissões liberais; que em 1898, nos Estados Unidos, as médicas atingem o número espantoso de 4555; que na França elas são admitidas

À distância, as diferenças sociais fundem-se na uniformidade de uma época. O jovem escritor suíço...

Afonso XIII, rei da Espanha \ Aristides de Mello e Souza \ Suíça, 1912.

em todas as Faculdades e aproximadamente 85 mil se dedicam ao ensino primário e secundário.[39]

Como se vê, a moda tanto pode refletir as transformações sociais como opor-se a elas através de inúmeros subterfúgios, todas as vezes que há perigo de uma aproximação excessiva entre as classes e os sexos.

Mas se este mecanismo funcionava na oposição entre a mulher que trabalha e a "dama exemplar", obrigando a primeira a desistir, de certa maneira, das imposições da moda, para só acompanhar de longe e timidamente a sua tirania, não tinha forças para afastar da competição as camadas endinheiradas que, com o crescente progresso econômico da classe média, se confundiam cada vez mais com as elites.

Com efeito, a moda é um dos instrumentos mais poderosos de integração e desempenha uma função niveladora importante, ao permitir que o indivíduo se confunda com o grupo e desapareça num todo maior

... o jovem rei da Espanha, o jovem médico brasileiro.

que lhe dá apoio e segurança. E como as modas vigentes são sempre as da classe dominante, os grupos mais próximos estão, a cada momento, identificando-se aos imediatamente superiores através da imitação da vestimenta. Foi este fato que chamou a atenção de Proust, quando faz o narrador de seu romance concluir, examinando um daguerreótipo que retratava o duque de La Rochefoucauld, que aquele alto representante da aristocracia "era em tudo semelhante, na vestimenta, no ar, nas maneiras", ao seu tio-avô, bom burguês... Acrescentava ainda, no mesmo trecho que, vistas à distância, as diferenças sociais fundiam-se de tal forma na uniformidade de uma época, "que para perceber que um nobre do tempo de Luís Filipe difere menos de um burguês do tempo de Luís Filipe que de um nobre do tempo de Luís XIV, não é preciso percorrer as galerias do Louvre".[40] Talvez houvesse algum otimismo arrivista na observação, mas em linhas gerais ela era verdadeira e explicava o motivo pelo qual, no decorrer do século, vão apegar-se com tanto empenho às modas as camadas subitamente enriquecidas e a classe média em geral.

Mais do que quaisquer outros estes grupos instáveis, mal contidos em quadros de demarcação incerta, temem o desnivelamento. Ou, servindo-nos da terminologia de Goblot, possuem um grande sentimento de classe porque, muito perto da *barreira*, os que estão logo abaixo desejam subir, os que estão logo acima temem descer.[41] Daí se agarrarem a certos símbolos exteriores, o esnobismo confundindo-se com o instinto de autopreservação e se refletindo no interesse exagerado por tudo o que está na moda. Laver assinala como, na Inglaterra, talvez nunca tenha havido esnobismo maior que o do princípio da era vitoriana,[42] e Proust assinala como, nos jovens de certos grupos ligados à indústria e de recente fortuna,

> o conhecimento de tudo que era vestimenta, maneiras de usá-la, cigarros, bebidas inglesas, cavalos – que eles possuíam, até nos menores detalhes com uma infalibilidade cheia de orgulho que atingia a modéstia silenciosa do sábio – havia se desenvolvido isoladamente sem se ter feito acompanhar da menor cultura intelectual.[43]

*José de Carvalho Tolentino, sua mulher Eleonora
e os filhos Antonieta e Marino* \ Foto Reuthinger \ Paris.

*Muitos deles possuíam, nos menores detalhes,
os conhecimentos de tudo que era vestimenta e maneira de usá-la.*

Apreensivos com a perda de posições tão dificilmente conquistadas, inscrevem no curso de suas vidas as manias, as vogas passageiras;[44] dão à sua aparência uma importância excessiva, temendo que o juízo do próximo seja desfavorável. Por isso, enquanto Mme. de Guermantes, mulher da primeira nobreza da França, aceita como concessão o papel tão inferior de mulher elegante, Becky Sharp, filha obscura de um pintor bêbado, a ele se agarra; indiferente às dívidas e à honra do marido, quer que a vejam sempre como uma

> imagem vivificada do *Magasin des Modes*, sempre sorrindo nas mais lindas roupas novas, substituindo a cada momento os chapéus onde desabrocham flores ou magníficas penas crespas de avestruz.[45]

Mas pouco a pouco vai-se tornando difícil a distinção das classes pelos sinais exteriores da vestimenta. E por uma curiosa inversão de papéis, aqueles a quem o alto nascimento já conferia prestígio suficiente se desinteressam desses meios de afirmação a que se entregam sofregamente os plebeus. Em 1881 o *Burlington Magazin* estranhava, rendendo-se contudo à evidência de que nem a rainha Vitória nem suas filhas jamais houvessem dado origem a uma moda, ou influído de qualquer maneira nos vestidos da época.[46] E se folhearmos a *Revista Popular* de 26 de setembro de 1860 iremos encontrar numa crônica social, ao lado das descrições dos suntuosos trajes da sra. Etcheg... da filha do sr. Amar... e da condessa de C. na inauguração dos novos salões do Cassino, apenas uma breve mas eloquente menção do cronista: "Suas majestades estiveram presentes, e a imperatriz foi a primeira a dar o exemplo da singeleza do trajar". A liderança da moda passara aos arrivistas e, principalmente, às *cocottes* e às atrizes.

Entre a nobreza que deixa cair o cetro e os novos grupos que dele se apoderam, eleva-se, contudo, a figura majestosa da imperatriz Eugênia. Como um traço de união, equidistante dos dois extremos, a bela ex-senhorita de Montijo é, ao mesmo tempo, a última soberana europeia lan-

A família Imperial do Brasil: o conde d'Eu, d. Pedro II, a imperatriz Leopoldina e a princesa Isabel \ Fotografia Alemã, Henschel e Benque \ Rio de Janeiro.

çadora de modas e a primeira grande *vedette* a serviço de uma indústria que se organiza. E se por um lado a graça e a posição da imperatriz fazem a glória de Worth, por outro os esplêndidos vestidos de tule branca, de uma espantosa prodigalidade de metragem – por vezes bordados de diamantes, como aquele com que em 1862 surgiu na corte –, auxiliam a solidificar sua situação incerta de soberana sem sangue real, perdida numa corte talvez hostil.[47] A liderança da moda é um dos meios de que a real *parvenue* se utiliza para conquistar a admiração de seus súditos.

Para as outras lançadoras de estilos, menos híbridas é verdade, o mecanismo é idêntico. A grande legião de atrizes, *femmes entretenues*, *cocottes* e *cocodettes*, agora como que se vinga de uma sociedade que as coloca à margem, dando o tom à época. E é no palco principalmente, na peça romântica ou no teatro de variedades, que começam a surgir, da segunda metade do século em diante, as novas *toilettes* que trazem, como fatalidade, a rubrica de sua origem: cores vivas contrastantes, exagero

Aqueles a quem o alto nascimento já confere prestígio frequentemente permanecem alheios às oscilações do gosto.

de enfeites, ênfase nas características sexuais do corpo feminino, elaboração excessiva da *lingerie*. Já é a indústria da moda que se mascara atrás dos bastidores, empreitando sub-repticiamente o serviço das *vedettes*, as quais, ao chamar a atenção dos maridos, atraem também os olhos ávidos das esposas. A nobreza se desinteressa da moda e a burguesia copia as atrizes, caindo sob a tirania dos costureiros. A disputa reflete, assim, num período de afrouxamento de barreiras, um dos muitos aspectos da luta pelo poder entre os grupos economicamente fortes que ascendem e os grupos enfraquecidos, que pouco a pouco vão perdendo os privilégios.

Mas uma classe não renuncia com facilidade a uma posição longamente ocupada e, de uma forma ou de outra, descobrirá um meio eficiente de combater a lenta absorção de seus elementos distintivos.

Agora as modas podem ser copiadas por todas as classes, pois as leis suntuárias foram abolidas. A posse do dinheiro tornou acessíveis os símbolos da vida ociosa e no amplo e variado espaço urbano – no Passeio Público, no camarote da Ópera, no Cassino, no restaurante de luxo – a arrivista começa a ofuscar a "dama exemplar" através do luxo dos vestidos. É então que uma nova barreira se interpõe entre as classes, ainda mais difícil de transpor que a antiga, pois já não se apoia na ostentação da riqueza, mas no polimento das maneiras, na composição elaborada dos gestos, enfim no elemento dinâmico da moda. A distinção econômica do luxo cede lugar à distinção estética da elegância.

O olhar arguto de Balzac logo apreendeu esta gradação imperceptível, que faz de seu admirável *Traité de la Vie Élegante* uma curiosa refutação antecipada da teoria de Veblen. Com efeito, ao encarar a moda como manifestação predileta do ócio, processo de exibir aos outros a capacidade que cada um tem de pagar, o economista americano irá reduzir o gosto aos cânones pecuniários, negligenciando o aspecto artístico. Balzac preferiu tomar outro partido, insistindo que "a *toilette* nunca deve ser um luxo", que "o efeito mais essencial da elegância é esconder os meios", fazendo as distinções de classe recaírem sempre nas "traduções materiais do pensamento, nos atos que procedem imediatamente do homem".

A divergência entre Veblen e Balzac não se explica apenas pela diferença de época e de mentalidade do economista e do artista, mas sobretudo pela oposição das culturas a que pertencem. O primeiro, membro de uma sociedade enriquecida, sem tradição de maneiras ou de hábitos de vida, considera que na hierarquia social as distinções de dinheiro são preponderantes – e por isso vê na moda a competição do "luxo". O segundo, mergulhado numa sociedade de classes sutilmente hierarquizadas, em que as barreiras não derivam apenas do valor pecuniário (por exemplo, as que se erguem entre a nobreza parisiense e a nobreza do campo, ou entre ambas e a alta burguesia das finanças), sublinha na moda as distinções da elegância. Ele sabe que o nível social do indivíduo não é revelado pelas joias, botões de ouro, correntes faustosas, rendas e opulência de tecidos – e sim pela arte elaborada e difícil de "animar o repouso", tão ligada, por exemplo, a certos elementos secundários da *toilette* feminina, como o leque, a echarpe e o xale, cuja voga presenciou atravessando o século de ponta a ponta.[48]

Na verdade não há nada de excepcional nesses pedaços de fazenda, longos ou quadrados, ora de sedas berrantes e unidas, ora vaporosos e de cores muito suaves, dispostos sobre os vestidos claros da Regência. Vindos da Turquia ou de Cachemir eles invadem a França, desafiam a ira de Napoleão e dominam o século, flutuando caprichosos ou se deixando aconchegar mais ao corpo. Nada de excepcional caracteriza essa matéria dócil e flexível com a qual cada mulher elegante compõe uma forma diversa e traduz o seu estilo pessoal. Esta manifestação dinâmica da moda se transforma de tal maneira numa distinção de classe, que já não se dizia de uma senhora que ela estava bem vestida, mas "bem panejada", a elegante demonstrando através da "dança do xale" a harmonia entre a sua alma e a vida exterior e material; a burguesa, deixando entrever as arestas, a dificuldade, enfim, de dar nobreza às coisas.

Desconhecido \ Photographisches Atelier von F. J. Lau Lübeck.
Desconhecido \ Photographie du Globe Dupont \ Paris.

A mesma função desempenha o leque, acessório indispensável sem o qual nenhuma mulher de nível se apresentava em público, no teatro, no baile, no passeio, no *boulevard*, e que sublinhava a graça dos movimentos, dando vida à muda linguagem amorosa dos rubores e dos olhares oblíquos.[49]

A estes elementos poderemos acrescentar ainda o apanhar das saias – já mencionado no capítulo anterior –, o solevar das caudas elaboradas que começam a surgir depois do desaparecimento da crinolina. Com o conjunto destes gestos é que a dama exemplar tecia o arabesco imponderável, característico de sua classe.

O homem, por sua vez, não desprezava o uso de recursos igualmente sutis. O manejo concomitante da cartola, da bengala e das luvas, por exemplo, dava lugar a uma ritmia especial de movimentos que se espraiava no jogo harmonioso da saudação, na própria cadência do andar, a

*O manejo combinado da cartola, da bengala e das luvas
dava origem a uma ritmia especial de movimentos.*

classe revelando-se com a mesma segurança na maneira de atar a gravata e no jeito de movimentar a bengala. Eis, por exemplo, como Proust descreve o cumprimento inconfundível de um Guermantes:

> A flexibilidade física essencial aos Guermantes era dupla: graças a uma delas, sempre e todo o momento em ação, se um Guermantes ia, por exemplo, cumprimentar uma senhora, obtinha de si mesmo uma silhueta feita do equilíbrio instável de movimentos assimétricos e nervosamente compensados, uma perna arrastando-se um pouco, de propósito ou porque muitas vezes tendo-se quebrado na caça, imprimia ao torso, para alcançar a outra perna, um desvio ao qual o levantar-se de um ombro fazia contrapeso, enquanto o monóculo, instalando-se no olho, suspendia uma sobrancelha ao mesmo tempo em que o topete do cabelo se abaixava com o cumprimento [...][50]

É que à medida que as diferenças exteriores se atenuam pela generalização da moda, o indivíduo tende a revelar o seu nível "não tanto pela fazenda, o chapéu, as joias, mas pela educação, jeito de andar, maneiras".[51] Numa sociedade em que as pessoas se confundem a todo momento nos lugares públicos e os grupos se substituem com extraordinária rapidez, o olhar apurado tem de distinguir a *femme comme il fault* da burguesa,[52] o aristocrata rico do homem rico das finanças,[53] e mesmo a nobreza antiga da nobreza do Império.[54]

O movimento inexorável de difusão não vai perdoar nem mesmo este último reduto das distinções sociais. Lentamente as camadas enriquecidas, em franco movimento ascensional, aprenderão com as elites a estar sempre prontas, sempre semelhantes a si mesmas, esquecendo o preconceito do domingo. A sensibilidade é difícil de ser copiada mas também ela se apura. Em breve aqueles que a natureza dotou de intuição artística saberão anular os afastamentos impostos do exterior, assimilando o aspecto lúdico que a moda adquiriu quando a competição recuou para o terreno estético. Vendo fracassar este meio de distinção, a luta de classes

Da esquerda para a direita: Antonio Marques de Souza, comerciante em Santos, um sobrinho e Pio Lourenço Corrêa, fazendeiro de café, em Araraquara \ Paris, 1911.

O olhar apurado da objetiva fotográfica distingue, em Paris,
o fazendeiro abastado, mas provinciano, do rico fazendeiro cosmopolita.

*Conselheiro Antonio Prado, sua nora Eglantina
e seu filho Antonio Prado Junior* \ Paris.

se fará então através da rapidez das mudanças. Pondo a seu serviço o aparato de uma indústria organizada, a moda acelera o ritmo.

Foi este fato que Spencer não previu, pois esforçando-se por encontrar em toda a parte a "lei da diferenciação progressiva", a passagem do homogêneo ao heterogêneo, que leva as sociedades modernas de forma militar e autoritária à forma industrial e individualista, chegou fatalmente à conclusão de que o futuro traria a autonomia pessoal. Autonomia do indivíduo diante do Estado, que iria se atrofiando progressivamente em seu papel controlador, autonomia do indivíduo em face do domínio da moda. Quando os privilégios de nascimento se abolissem, por exemplo, a indisciplina da vestimenta – que já se observava nos homens afeitos às ideias democráticas – conduziria à singularidade da decoração pessoal.[55]

A ideia, característica do liberalismo inglês otimista do século XIX, foi porém contraditada pelos fatos. Não só as funções do Estado se multiplicaram, limitando cada vez mais as liberdades individuais, como a democracia, tornando possível a indústria dos costureiros, inventou uma nova forma de anular a personalidade de cada um. Estamos bem longe do Renascimento italiano, quando, tendo as distinções de nascimento desaparecido, os florentinos se abandonaram ao exibicionismo de suas qualidades, criando para si estilos de vestimenta de extraordinária fantasia.[56] Agora a divisão do trabalho é todo-poderosa e começam a surgir os donos do gosto, a nova raça de ditadores da moda, de que Worth é o primeiro e talvez o maior representante do século. A mulher não escolhe mais nem deseja escolher sua *toilette*, limita-se a procurar o tirano que, medindo-a de alto a baixo, decide por ela qual o traje que melhor lhe assenta.[57] O sucesso de Worth incentiva a aventura de outros e novos costureiros surgem montando suas indústrias: Doucet, Rouff, Paquin, Redfern, Poiret. No círculo de aço das grandes casas de moda, as elites caem aprisionadas.

Um pouco afastado desse núcleo central, um público sôfrego, até o qual chegam pelas luxuosas revistas mundanas os ecos da vida elegante, aspira, na penumbra em que se encontra, à mesma existência de beleza. Seu orçamento é limitado e para satisfazê-lo surgem os *ersatz* da moda, a cópia fiel do modelo ou a mistificação *bon marché*. Quanto mais rapidamente se exibe a cópia, tanto mais depressa o estilo muda. Pois o espetáculo da submissão feminina logo levará os costureiros a forçar o ritmo da moda, a acelerar a rapidez das mudanças lançando, em espaços cada vez mais breves, novos estilos de vestimenta que seus nomes prestigiam. Não é o vestido que importa, mas a etiqueta do criador. Todos abandonam as modas da última estação porque Worth estabeleceu os tecidos leves para os trajes, com *ruches* de setecentos metros e Poiret, as cores violentas e as saias drapeadas ao gosto oriental.

Assim, a sociedade democrática, que teoricamente oferece a todos as mesmas oportunidades e na qual, segundo Spencer, iria desenvolver-se, pela libertação da moda, o gosto individual, acaba massacrando as elites nos tentáculos da indústria costureira, reforçando o desejo de igualdade da burguesia através da propaganda e atirando fora da competição todo o proletariado. Essa mesma democracia que não estabelece barreiras nítidas entre as classes inventa um novo suplício de Tântalo: permite que as elites usufruam uma moda que a classe média persegue sem jamais alcançar e que os pequenos funcionários e todos os párias sociais espiam nas vitrinas com o olhar sequioso.

O MITO DA BORRALHEIRA

*Senhor e senhora Antonio Prado Jr.
e filho* \ Paris.

SE A MODA EXISTE como presença constante na sociedade do século XIX, imiscuindo-se na vida de todo o dia, auxiliando a distribuição dos indivíduos nos grupos e nas camadas sociais, afetando sem cessar a aparência física do ser pelas deformações e a mentalidade através da psicologia especial a que dá origem (a vestimenta confundindo-se com a própria vida em sociedade), é na vida de exceção, na festa, que ela mais claramente se manifesta e os seus traços se revelam de maneira nítida. "Nada exprime tão bem o estado dos costumes", diz Gaston Richard, "como o papel que a festa representa na vida dos homens e a maneira pela qual eles a celebram".[1] Nada esclarece melhor o sentido profundo da moda que a função que ela desempenha neste momento agudo da vida dos indivíduos e dos grupos, quando, ao se reforçarem os impulsos antagônicos de sociabilidade e de hostilidade, se acentuam também todos os elementos que a caracterizam.[2]

A festa, dissemos, é a vida de exceção. Ela é principalmente aquele "ponto de transição entre a vida real e o mundo da arte", de que fala Burckhardt.[3] Houve épocas em que a passagem foi tênue, difícil de perceber – porque a beleza se insinuava nas ações humanas e a própria existência era concebida como um jogo de perfeição artística. Mas houve outras em que ela foi profunda, representando a ruptura nas obrigações do trabalho e nas exigências triviais da vida cotidiana. No primeiro caso teríamos o Renascimento, cujo esplendor – na vestimenta, na preocupação da polidez, no ideal de conforto – revela uma civilização voltada para o exterior, perseguindo um objetivo estético; no segundo, o século XIX, instalando no poder uma burguesia que se encasula na vida doméstica e toma a sério a existência.[4]

Agora, estamos no apogeu da vida de família. E basta um olhar de relance sobre os desenhos de Ingres – o pintor mais característico da nova ordem – ou para as fotografias de Octavius Hill, de Nadar ou Fox-Talbot, para termos uma ideia da contenção que detém os gestos, bane a alegria e impõe a gravidade. O braço feminino não resvala mais, lânguido, sobre a roupa do homem; pousa recatado no braço do marido, respeitando uma ordem que não permite transbordamentos. Da fisionomia, do jeito de sentar-se com as mãos imperiosas espalmadas sobre os joelhos, de todo o ereto porte masculino ressalta a dignidade; a seu lado, esposa e filhos, serenos e virtuosos, compõem a atmosfera recatada do lar. Pois a moral é rígida como os retratados e separa com nitidez os sexos, repudiando intimidades excessivas, impondo regras estritas de decência, na linguagem, nas atitudes, nas ações. O corpo, principalmente o da moça solteira, é cercado de tabus. E se acaso, nas relações cotidianas, apresenta-se oportunidade de contato com um admirador potencial, como por exemplo o professor de aritmética,[5] deve-se, por delicadeza de sentimentos, evitar os vestidos leves de musselina, que desvendam os ombros, ou os que, muito justos, acentuam demais as formas. É preciso, ainda, ter cuidado com as palavras. Há algumas especialmente perturbadoras, impregnadas de conteúdo emocional, cuja simples menção pode estabelecer entre os interlocutores um vínculo vulgar de intimidade. Em nenhuma ocasião, dever-se-ia pronunciar os termos "suor", "calças", "barriga", e ocorre-nos o caso de certa senhora brasileira do Segundo Reinado, bastante severa em suas fobias, em cuja presença não se dizia a palavra "coxa". Mesmo quando nas refeições houvesse frango, as filhas deviam pedir apenas "a perna larga".

A festa[6] era, para uma sociedade deste tipo, mais que para qualquer outra, a ruptura na rigidez dos costumes.[7] Quando a existência se tor-

*Grupo de brasileiros, em Paris, no início do século, vestidos para um baile à fantasia.
Da esquerda para a direita: não identificado, Sarah Pinto Conceição,
Antonieta Prado Arinos, Affonso Arinos de Mello Franco,
Edgard Conceição* \ Fotografia Alemã, Henschel e Benque \ Rio de Janeiro.

nava cada vez mais árida, a vida cotidiana contrastava com a aspiração do sonho, e as energias feneciam na clausura dos grupos sexuais, impondo-se a necessidade de uma evasão periódica, de uma pausa na ordem do mundo. A festa arremessava os seres nas remotas regiões da fantasia onde, livres temporariamente das interdições e da vigilância rigorosa, homens e mulheres se abandonavam ao ritmo de suas tendências. O vigor que então se inoculava nos seres permitia-lhes "enfrentar o tempo por um novo ciclo".[8]

*A festa libertava temporariamente as pessoas, introduzindo-as
nas remotas regiões da fantasia.*

Nesse período de exceção os grupos feminino e masculino, laboriosamente segregados, enfim se defrontam. E se não encontramos o relaxamento completo das festas primitivas, presenciamos manifestações bastante dúbias que a sociedade agora aceita com complacência, semicerrando os olhos. A luta amorosa alcança o ponto extremo. Os sexos não se entregam à violência dos recalques, como entre os trobriandeses, por exemplo, quando, na instituição do *kimali*, as mulheres traduzem de maneira inequívoca o seu violento impulso amoroso, excitando o grupo masculino através dos ditos ofensivos e dos arranhões sangrentos.⁹ Mas se os costumes se abrandaram e a sociedade escolhe meios mais sutis, mais impregnados de elementos lúdicos ou estéticos, é o mesmo impulso fundamental que se revela:

> Ao momento de se encontrar a mão que dava [de Carolina] e a que recebia, Fabrício sentiu que lhe apertavam os dedos. Seu primeiro pensamento foi crer que era amado; mas logo se lhe apagou esse raio de vaidade, pois que ele retirou vivamente a mão, exclamando involuntariamente – Ai! Feri-me [...] era que a travessa lhe havia apertado os dedos contra os espinhos da rosa.¹⁰

Neste caso, como no outro, estamos diante do jogo constante – feito de avanços e recuos, de apelos e fugas alternadas –, que explode na festa. Aqui, no entanto, o negaceio não visa à satisfação direta dos impulsos sexuais, não representa o momento preparatório de uma posse próxima e efetiva. Pois a corte amorosa complica-se, prolonga-se indefinidamente, confundindo os elementos sensuais com a atração espiritual, favorecendo contatos mais íntimos e uma vagarosa acomodação entre os sexos:

> Ter a ventura de receber o braço de uma moça bonita e a quem se ama, apreciar o doce contato de uma bem torneada mão, que tantas noites se tem sonhado beijar; roçar às vezes com o cotovelo um lugar sagrado, voluptuoso e palpitante, sentir sob sua face o perfumado bafo que se esvaiu dentre os lábios virginais e nacarados, cujo

sorriso se considera um favor do céu; apanhar o leque que escapa da mão que estremeceu, tudo isso [...] mas para que divagações?[11]

O testemunho dos documentos literários demonstra como é possível, na contradança, burlando a vigilância, cerrar mais vivamente os dedos do par ou, libertando as mãos da luva, sentir melhor o frêmito do corpo enlaçado:

> Tirando-a para dançar uma noite, ela ergueu-se e ia dar-lhe o braço; mas retraiu-se logo e tornou a sentar-se.
> — Desculpe-me. Não posso dançar.
> — Por que motivo, D. Emília?
> Ela calou-se, mas fitou-lhe as mãos com os olhos tão expressivos que o moço compreendeu e corou:
> — Tem razão. Tirei as luvas para tomar chá e esqueci-me de calçá-las.[12]

Uma pequena regra que se esquece, quando se toma inadvertidamente a mão da dama em vez de apresentar-lhe a sua; um abandono que se imprime ao corpo, reclinando-o sobre o peito do cavalheiro ao aceitar-lhe o braço para o passeio na sala — tudo acelera o coração e antecipa o desejo que, na vertigem da valsa, irrompe francamente.[13]

Para sentir como tais situações são excepcionais, basta procurarmos o seu eco nos romances da época e no comentário dos mais velhos:

> — Sim, arrepio-me ao ver que um pobre pai, lá no tal baile suntuoso, sente que se aproxima de sua filha querida um marmanjo, que ela nunca viu, que não sabe se é um moço de bem ou um mancebo desmoralizado, e que no entretanto leva pelo braço a inocente menina, passeia e conversa com ela horas inteiras, diz-lhe coisas que a fazem rir, que a fazem corar, que a fazem estremecer.[14]

Mas é preciso que seja assim. Pois a festa pode ser a lenta antecâmara do casamento, onde os seres se auscultam e os instintos se jogam — como

Nesta página e na página 152, A Estação \ ano 3, nº 5, 1884.

*A roupa simples, ajeitada às exigências diárias,
é substituída na festa pela forma elaborada, impregnada de erotismo.*

dizia Huizinga –, produzindo não só os contatos fortuitos, as conversas a dois, as confissões veladas cheias de reticência, mas as competições de salão. É o caso das "charadas", em voga na primeira metade do século, tanto na França como na Inglaterra, que Thackeray descreve com minúcia.[15] Dos "quadros vivos" de que nos fala von Boehn, espetáculos "que supunham, quer de quem tomava parte, quer de quem representava, extensos conhecimentos literários e artísticos".[16] Dos nossos jogos mais provincianos que Macedo assinala como passatempos nas chácaras do Rio de Janeiro: das prendas, das flores, das sentenças, do sizo, do "tempo-será", da palhinha, do "companheiro companhão", do "procura quem te quer".[17] Todos eles substituíam muitas vezes as danças, "dando às senhoras que possuíam beleza oportunidade de exibir seus encantos, e ao número mais restrito das que possuíam espírito, de revelar sua argúcia".[18]

Contudo, entre todos os elementos que entram em jogo no exibicionismo da festa, a moda é um dos mais eficientes. Uma conexão íntima sempre a ligou às reuniões sociais, pois juntamente com a força física, as armas, a inteligência e os ardis, é a vestimenta um instrumento de luta, quer ela se trave entre os grupos ou entre os sexos. Já entre os povos primitivos observamos uma preocupação especial com o ornamento, a tatuagem, o penteado, o saiote cerimonial, naqueles momentos em que, ao se reunirem todos os membros do clã ou da fratria, cada qual deseja, na competição que imediatamente se estabelece, oferecer aos outros a melhor imagem de si. A metamorfose das relações é acompanhada pela metamorfose do ser.

A roupa simples da vida comum, ajeitada às exigências triviais da realidade, é substituída na festa pela forma fantasmal que o narcisismo apõe ao corpo e ao rosto. O universo do sonho é também o reino das transmutações. E uma nova personalidade emerge no momento de exceção, quando à esfera da pessoa se acrescenta uma ambiência fictícia, feita de novas cores com que se enriquece o matiz natural da epiderme,[19] de novas curvas que se adicionam ao corpo, ajustando muito os vestidos ou multiplicando as formas com o recurso dos folhos, dos babados, dos *ruches* e franzidos. "O perfume cumpre a mesma missão por meio do olfato, que o adorno por meio da vista."[20] E esta irradiação do corpo feminino atinge os vários sentidos do homem, aprisionando-o em sua atmosfera. É que as barreiras, derivadas de uma moral estreita, impedindo a admiração estética do corpo nu, deslocavam em grande parte o interesse para o invólucro do corpo, e a avaliação dos valores eróticos baseava-se tanto nas modas de vestimenta quanto na apreciação da beleza física.

O vestido decotado satisfazia essa dubiedade no julgamento, criando um equilíbrio harmonioso entre o traje e a nudez, fazendo nascer do contraste entre o esplendor de um e a beleza de outro a emoção estética perfeita. A discreta vestimenta diurna cedia lugar ao exibicionismo da indumentária noturna quando, com os recalques, transbordavam das

O penteado caseiro cede lugar ao penteado de sarau ou de baile.

vestes as formas escondidas. O vestido da mocinha era, é verdade, paradoxalmente mais modesto que o da senhora casada. Ainda sem marido, ninguém mais do que ela devia tirar proveito dessa exibição franca onde cada uma ostentava as suas prendas, acenando aos homens com os sequestrados encantos. A licença da festa, porém, não ia até esse extremo, e se permitia o negaceio, a faceirice, os olhos quebrados atrás do leque, conservava à sua volta um certo recato que, acentuando o mistério, não era menos eficiente na atração amorosa. Para a mulher casada a margem de concessão era maior. O matrimônio, arrancando-a ao estado de inconsciência e total ignorância da vida, ao mesmo tempo que abrandara os tabus dera-lhe uma relativa desenvoltura, um domínio de si e de seus instrumentos de êxito. Exibia-se por isso; e talvez porque uma experiência afetiva frequentemente decepcionante a impelia a buscar novas formas de plenitude, no olhar admirativo do próximo, no roçar das casacas por seus braços nus. A mocinha expandia-se, de alguma forma, entregando-se à poliandria dos devaneios e povoando a solidão com heróis de folhetins; ela, menos ingênua, necessitava substitutivos mais eloquentes. E na festa, à distância, era como se estivesse se oferecendo aos homens através do decote. Era esta relação simbólica, num tempo em que o casamento se determinava por razões sociais, econômicas ou domésticas e não por acentuada preferência pessoal, que impedia, muitas vezes, a queda no adultério. Passada a breve vertigem dos sentidos, em que dançava à beira do abismo, podia a matrona voltar, aplacada, ao cuidado dos filhos e às meias do marido.

Para o grupo masculino a moda tem uma importância diversa na competição a que a festa dá lugar. Não só porque a valorização do homem repousa, como vimos noutro capítulo,[21] em elementos diferentes de prestígio – a força da personalidade monopolizando o impulso exibicionista que outrora se expressava na vestimenta –, como porque sendo ele quem escolhe, os motivos sexuais veem-se relegados para segundo plano. Os trajes vistosos, guarda-os agora para a intimidade do lar, nos roupões opulentos de damasco ou veludo, às vezes ornados de galões de ouro.[22] Em público, porém, nada o deve distinguir a não ser o corte impecável e a simplicidade britânica do Jockey Club. Nas reuniões mundanas, ao lado do esplendor das mulheres, os elegantes se assemelham, na expressão feliz do naturalista Edmond Perrier, *à autant de larves se glissant parmi les fleurs*.[23]

Apagando-se diante da companheira o homem já está, aliás, manejando a sua mais poderosa arma, o galanteio, pois a modesta penumbra na qual se insinua, desistindo do ornato e erigindo o preto em sua cor, é um mudo cumprimento à mulher, só ela detentora da beleza. Daí em diante o seu prestígio nos salões dependerá tanto da elegância e do talento quanto dessa habilidade de dirigir um elogio; de, sem ofender o pudor, alimentar a vaidade feminina através das delicadas investidas da corte amorosa.[24] Sob o olhar cúmplice da sociedade, quando a mulher se abandona simbolicamente ao companheiro por meio dos recursos da vestimenta, é pelo galanteio que, por sua vez, ele, também simbolicamente, a propicia e domina. Galanteio que evolui do aplauso às virtudes femininas à louvação do rosto e do corpo.[25] Contudo, na trégua indecisa da festa, antecipando a posse efetiva que se pode estar preparando, é no elogio das roupagens que o impulso amoroso se desafoga. Talvez agora seja possível compreender melhor o interesse excessivo que a moda desperta nos escritores da época, o afã com que descrevem as cores, os tecidos, as joias, os perfumes, enfim, toda a ambiência mundana da mulher. A posse das roupagens, o acariciar com os olhos e as palavras, a máscara da vestimenta cingida muito rente ao corpo representavam, naquela época de severa vigilância, a única intimidade permitida. Nela se expandiam os recalques, enquanto o tempo não abrandava os tabus, destruindo também o belo simbolismo do amor.

Faceirice e galanteio – eis portanto as duas faces de uma posse simbólica que se realizava na festa, atenuando um pouco as tensões entre os sexos. Evasão, é certo, mais necessária para a mulher, bloqueada antes

Le Bal au Moulin de la Galette (fragmento) \ Auguste Renoir
Museu do Louvre \ Paris, 1876.

e depois do casamento por uma moral puritana, do que para o homem, principalmente o elegante, o qual, antes e depois do casamento, circulava com desenvoltura entre dois mundos, o *monde* e o *demi-monde*.

Mas se uma das funções da festa é modificar as relações entre os sexos, a outra igualmente importante é modificar as relações entre as classes. Nas sociedades primitivas as cerimônias periódicas têm por objetivo principal apertar os laços de solidariedade que haviam afrouxado durante uma parte do ano, quando os grupos, clãs ou fratrias, pela necessidade de subsistência ou organização social, espalham-se pelo espaço geográfico, vivendo em estado de individuação e isolamento nos pequenos gru-

Separadas na vida diária, as classes sociais dançavam juntas nos bailes públicos.

Hóspedes de um hotel em Pougues-les-Eaux \ França, 1911.

pos familiares.²⁶ Nas sociedades urbanas do século XIX, os indivíduos se acotovelam na aproximação física das cidades; contudo, a hierarquização limita cada indivíduo à existência em sua classe, fazendo-o perder o contato com o resto da comunidade. E, se a festa adquire importância, é por anular de certa forma os afastamentos no espaço social.

No século XVIII, por exemplo, quando as tensões existentes entre os vários grupos eram profundas e a distância social estabelecia-se de maneira muito nítida entre a nobreza e a burguesia, os bailes públicos rompiam, periodicamente, a estrutura rígida da sociedade; e as classes, separadas na vida diária por barreiras intransponíveis, dançavam juntas, se confraternizando. E isso era frequente não só na Inglaterra, em Ranelagh, em Vauxhall Gardens, quando o extraordinário desenvolvimento da indústria já prestigiava a burguesia, mas principalmente nas cortes muito estritas como as de Viena e dos duques de Würtemberg.²⁷ A breve trégua, realizando uma daquelas *foules d'amour* de que fala Tarde, descarregava a atmosfera;²⁸ os diferentes grupos quebravam o isolamento em que se segregavam, para reforçar, graças à troca de experiência e o conhecimento mútuo, a coesão geral da sociedade.

A preponderância da democracia política, no século XIX, está longe de modificar este estado de coisas. A reestruturação de camadas e o deslocamento da dominação político-econômica para a burguesia não suprimiram, apenas criaram novos afastamentos de fortuna, profissão, família, posição social. E, como os séculos anteriores, o XIX se viu obrigado a proporcionar, de tempos em tempos, oportunidades excepcionais de contato entre os indivíduos – principalmente entre aqueles que, situados nos limites da bancarrota, estavam sempre em vias de aproximar-se ou de afastar-se.

Exemplo disto, entre outros, é a verdadeira mania ambulatória que irrompe então por toda a parte e que o desenvolvimento das estradas de ferro acelera. Se na época de Luís Felipe já eram frequentes os banhos dos Pirineus – Luchon, Pau, Arcachon²⁹–, de 1850 em diante o hábito

Dona Olívia Guedes Penteado, segunda na primeira fila, o genro, José Paulino Nogueira, à direita e a irmã Betita Guedes Nogueira em pé, atrás \ Ouchy, Suíça, 1911.

De 1850 em diante, generaliza-se o hábito das estações de águas.

José Maria Paixão e senhora, fazendeiros de café em Araraquara, em vilegiatura em Chamonix \ Suíça, 1913.

das estações balneárias se generaliza e a sociedade se transfere, num ritmo constante, para Spa, Baden Baden, Monte Carlo etc. Ora, o deslocamento no espaço recoloca o problema da classe social, e naquelas cidades de veraneio em que os duques, os marqueses, os grandes capitalistas, desfilam ao lado dos aventureiros de todo o mundo, perdia-se o contato com a realidade e as linhas de demarcação esboroavam.[30] Uma euforia se apossava desse conglomerado heterogêneo que, como os bailes de máscaras das cortes cerimoniosas, misturava inesperadamente a burguesia sólida aos arrivistas, as *cocottes* em voga às donzelas casadouras, a nobreza rural à nobreza cosmopolita das grandes cidades.

Luciola Moura e o casal José Maria Paixão – fazendeiros em Araraquara, então residentes na Suíça – com os filhos Paulo, Carlos e José.

Nesse universo à parte, separado do grande universo insosso da vida cotidiana, o sonho se concretiza, a mocinha casa com o bailarino[31] e a poderosa princesa de Luxemburgo se detém um momento junto ao veranista para apertar-lhe cordialmente a mão.[32] Na sociedade "estática" os contatos se ampliavam na festa beneficente – nas loterias para os pobres, nos bazares de caridade –, quando, sentindo a sua insuficiência, as elites se viam obrigadas a apelar para as outras camadas.

Porém, era nos salões particulares que os laços se estreitavam mais intensamente e as aproximações se faziam de maneira efetiva. Aqui, mais do que nos dois casos anteriores, a festa construía, por um momento efê-

*O fazendeiro paulista, em vilegiatura europeia,
faz-se fotografar praticando o falso esporte de inverno.*

José Paulino Nogueira e sua jovem esposa Maria Guedes Nogueira
Photographie Hippique \ Bois de Boulogne J.Dalton \ Paris.

mero, toda uma estrutura social em que reinava uma unidade – aproximadora de diferentes grupos e camadas – inexistente na vida comum. Naquele pequeno lapso de tempo e naquele limitado espaço, forjavam-se de novo as relações que unem os indivíduos e situam uns em face dos outros. De tal forma que mais importante do que a estrutura real de todos aqueles grupos que se defrontavam era a estrutura momentânea, fugidia e efêmera a que a festa dava origem. Pois o respeito que a vida de salão ainda exprime de certo modo por uma hierarquia já se encontra bastante atenuado, porque o privilégio do convite estabeleceu a igualdade entre as pessoas, abrindo-lhes como que um crédito de confiança. Contudo, para que esta igualdade se solidifique cada um deverá entrar no diapasão geral, confundir-se do modo mais perfeito aos grupos dominantes, copiando-lhes o comportamento, as maneiras, a vestimenta. Por este lado a festa funciona como a grande fantasia, o mito de Borralheira. Agora, os espezinhados, aqueles que, por quaisquer motivos,

A alta burguesia, no Bois de Boulogne, entre a equitação
e a voga recente do automobilismo.

*Dona Olívia Guedes Penteado, as filhas Carolina e Maria e o genro
José Paulino Nogueira* \ Photographie Hippique J.Dalton \ Bois de Boulogne, Paris.

foram postos à margem, penetram no mundo recluso e aí vivem como iguais. O seu sucesso dependerá, em grande parte, da capacidade de evoluir com desenvoltura num meio estranho, fazendo com que se esqueça a procedência – tarefa tanto mais difícil quanto, encerrado dentro de um espaço restrito e consciente de estar vivendo um momento de exceção, cada detalhe do comportamento ou da aparência é medido e pesado pela maioria. Mas se a *gaffe* eventual – o cumprimento efusivo a quem bastava apenas um aceno de cabeça, a insistência em voltar sempre ao obscuro assuntinho de grupo, negligenciando as conversas em voga,[33] a preocupação exagerada com as pregas do vestido – desnivela o indivíduo dentro dessa estrutura fictícia, um acidente amável, como a solicitude de um grande personagem ou o sucesso de uma bela *toilette*, elevam-no imediatamente aos olhos de todos.[34] É que nesse momento em que se perdem os contatos com a realidade e é difícil lembrar a posição efetiva do indivíduo, o essencial é o que se desenrola sob as vistas do público limitado. Daí a enorme importância que a moda adquire, pois exprime a adequação ou a desarmonia do indivíduo com uma sociedade que lhe abre os braços.

O universo da festa não tem passado. "Admitir uma pessoa em vossa casa é supô-la digna de habitar a vossa esfera", diz Balzac.[35] E como o salão, oferecendo a todos iguais oportunidades de brilho, destrói as distâncias, cada um irá esforçar-se por restabelecê-las através dos sinais exteriores da vestimenta. Poucos são os enquadrados dentro de um ritmo social em que a festa é uma das constantes. Para a maioria, como dissemos, ela representa a ruptura na existência morna dos trabalhos e das atribulações, a porta que se abre sobre o mundo do sonho. Afastados do convívio da sociedade elegante, dezenas de grupos marginais que para ela tendem ou que dela procedem, desnivelados por insucessos quaisquer, são de quando em vez chamados para a comunhão dos salões – pois que, de quando em vez, como que para renovar os seus quadros, as elites os põem à prova, testando a sua capacidade de adaptação ou a presença lúcida de uma memória que ainda não esqueceu os antigos gestos e os velhos requintes. Nobres empobrecidos, burgueses em ascensão, arrivistas, ambiciosos, todos se preparam para a grande mascarada, atentos às minúcias da vestimenta, à rubrica do grande costureiro e às normas dos livros de maneiras. Os menos bafejados pela fortuna substituem o luxo das roupagens pela argúcia, fazendo o traje concordar consigo, compondo um sutilíssimo esquema cromático entre a cor e a consistência do tecido, o colorido dos olhos, a indefinível tessitura da pele. Ou, servindo-se do privilégio de uma prima rica, valorizam com as joias emprestadas o vestido feito em casa. Não importa o que se passou além dos limites da festa: o esforço titânico para penetrar no mundo dos eleitos, as baixezas a que o indivíduo se curvou, os insultos que sofreu, a corrida desesperada atrás da moda, na qual não se pouparam nem sacrifícios, nem humilhações.[36] Quando Rebeca, segundo a descrição de Thackeray, surgir no baile de Bareacres e todas as lunetas se assentarem sobre a sua maravilhosa *toilette*, ninguém haverá que se lembre da pobre governante saída um belo dia das mãos de Miss Pikerton.

Saída de Teatro \ têmpera sobre madeira
Adrien Marie \ Museu Nacional de Belas Artes \ Rio de Janeiro.

À sua volta os *dandies* se atropelam e as senhoras sussurram que foi raptada de um convento e é uma longínqua parente dos Montmorency.[37]

Ela mesma, ao cobrir-se de plumas e embrulhar-se nas rendas do vestido, verá como por encanto apagar-se o passado, banido o fantasma das dívidas que aumentam e não há possibilidade de saldar. Com a vestimenta, um novo ser acomoda-se em seu corpo, lento de gestos, majestoso, naturalmente afeito à alta posição que por fim atingiu.[38] O que vale é a breve existência de rainha.

Porém, uma tal esperteza tem seu prêmio. E no dia seguinte, quando os jornais proclamarem ao público sequioso, prisioneiro dos lares, "as plumas, os véus, os soberbos diamantes" de Becky, o sonho já estará forçando a realidade e a estrutura efêmera da festa se concretizando na vida.[39] Um pouco mais de audácia, algumas amarras com o antigo ambiente que será preciso cortar sem piedade, e a arrivista das esferas populares ou pequeno-burguesas terá, com os seus encantos e desgarres, completado o salto gracioso que recebeu da festa o grande impulso.[40]

*[...] o vestido sublinhava admiravelmente a gentileza do busto,
o estreito da cintura e o relevo delicado das cadeiras [...]*
Machado de Assis, *Quincas Borba*.

Na página ao lado Isaura da Silva Telles Alves de Lima \ Paris

Afonso Arinos de Mello Franco \ Paris.

[...] *vestia-se com o maior apuro, como verdadeiro parisiense que era,*
arrancado de fresco ao grand-monde
Machado de Assis, *Helena*.

A festa possibilita, no século XIX, uma reorganização das elites, pela introdução de novos membros capazes. A grande cidade modificou as relações sociais e atenuou as barreiras através das mudanças bruscas de fortuna. Agora a riqueza é provisória e passa de mão em mão como os objetos que se possui. A vitalidade do sistema de classes enfraqueceu e as ligações que o indivíduo mantém com o seu grupo são frouxas, podendo tanto apertar-se como desprender-se de uma vez. A festa adquire, nestas circunstâncias, o caráter de um cerimonial de iniciação, onde entram em jogo mais as qualidades pessoais de cada um que os atributos de sua classe. Por isso o jovem provinciano, pobre mas talentoso, recebido por complacência nas altas regiões da sociedade, deve exceder-se no convívio dos salões, demonstrando pelos detalhes cuidados de sua *toilette*, pela desenvoltura contida dos gestos, pelo modo de pegar na xícara ou oferecer o braço à dama, de velar o tom da voz, não se exibindo nas conversas, a sua capacidade perfeita de adaptação.[41] O vagaroso polimento das arestas efetua-se dia a dia nas reuniões sociais e oscila entre a derrota de hoje e o sucesso de amanhã, quando o amargo aprendizado, feito de tateios, de desânimos, de novas investidas desesperadas, acompanha a cadeia longa de provas que lhe vão sendo antepostas e cuja vitória final há de conferir ao neófito a cidadania na classe mais alta. Exemplo admirável dessa iniciação é a trajetória de Lucien de Rubempré, que evolui de obscuro e malvestido poeta de província a *dandy* parisiense. Observando a reação que suas roupas causam nos membros da elite e a postura inconfundível dos elegantes, ele vai, à medida que se faz o aprendizado, substituindo gradativamente os trajes. O *redingote* de Angouleme, já no primeiro dia de Paris, é abandonado por *son fameux habit bleu*, o qual, parecendo-lhe odioso em confronto com a vestimenta dos gentis-homens que vê desfilando pelas ruas, é posto de lado em favor de uma indumentária completa do Palais Royal. Mas esse traje verde, com que se apresenta na Ópera, dá-lhe o ar de "um homem que se havia vestido pela primeira vez na vida", e a chacota de que é vítima leva-o a procurar, desesperado, o

Staub, o alfaiate mais célebre dessa época. Pela primeira vez Rubempré sente-se bem-posto e gracioso, e as mulheres o fitam, atingidas pela sua beleza. Como Rastignac, iniciou a investida contra a série interminável de provas que Paris opõe ao provinciano e que solicitam uma perseverança extraordinária e uma desmedida ambição.[42]

Portanto, se de um lado as classes mais altas opõem-se à brusca penetração em seus quadros de elementos estranhos às suas camadas, de outro possibilitam aos mais aptos, àqueles que vencem galhardamente todos os obstáculos, o ingresso ao mundo dos eleitos. É o que observamos em *Pigmalião*, de Bernard Shaw, quando o treinamento intensivo de Liza, a florista arrancada à sarjeta, termina no sucesso final da recepção da embaixada, provando que a iniciação mundana de que falamos não depende da categoria social, mas de uma certa maneira de falar, de comportar-se e de vestir-se, que é possível adquirir.

Mas se de tempos em tempos a sociedade abre algumas comportas pelas quais não só as tensões entre os sexos se aliviam como também, excepcionalmente, as ascensões se efetuam (Borralheira retornando ao palácio como esposa do príncipe simboliza os dois aspectos), as mais das vezes, passada a vertigem, passado o tempo de "metamorfose do ser", estabelecem-se com a antiga ordem os antigos recalques. Pois podem não ser amáveis as recordações que se traz para casa, quando da reunião arbitrária de elementos de vários grupos surge em cada um, mais nítida, a noção de sua verdadeira posição social. Em Paris, perdido no meio da sociedade elegante, Lucien de Rubempré sente, mais do que na província, o seu ar de filho de boticário;[43] no camarote da Ópera a vizinhança brilhante de Mme. d'Espard acentua a imperfeição das maneiras e o vestido fora de moda da provinciana Mme. de Bargeton.[44]

A exposição feita acima ressaltou a natureza da festa como fato social, acentuando a sua correlação com a moda e as atitudes mundanas. Vimos que ela funciona como fator de reforço da estrutura social – no caso, pelo contato momentâneo entre grupos e camadas – e como meio

Dama contemplando uma rosa \ sanguínea-pastel
Museu Nacional de Belas Artes
Rio de Janeiro.

de recrutar elementos capazes de enriquecer e mesmo recompor as elites. Mas por isso mesmo, ela desempenha outra função, complementar e de certo modo antagônica. Com efeito, a união efetuada pela festa tem por consequência anular provisoriamente as barreiras para, em seguida – e depois de admitidas as pessoas capazes de se ajustar ao estilo de vida das camadas mais altas –, erguê-las novamente com vigor, manifestando a separação entre as classes e entre as camadas ou círculos de uma classe. Assim, ao reunir indivíduos de estratos diversos, possibilitando-lhes idêntica oportunidade de brilho, as camadas mais favorecidas estão lançando mão de um subterfúgio malicioso para sublinhar os afastamentos que, de antemão, comprometeram. Estão realizando, efetivamente, aquela experiência de *sociologie amusante* que Proust declara ter sempre desejado fazer, colocando Mme. Cottard ao lado de Mme. Vendôme... "Só as almas esquecidas e os pobres sabem observar, pois que tudo as magoa e a observação deriva de um sofrimento", diz Balzac.[45]

A consciência aguda, desenvolvida nos confrontos da vida social, leva os menos favorecidos a distinguir na atmosfera que os envolve qualquer coisa de inacabado, um vago ar de mentira revelando-se nas joias emprestadas, nos folhos opulentos que caem pela saia escondendo o descuido da *lingerie*, no vestido feito em casa onde sobressai o bordado em que se gastaram os olhos. Tudo isso proclama a corrente ininterrupta de pequenos sacrifícios, a obscura vida a que o indivíduo se curvou para expandir-se glorioso no breve momento de exceção, a profunda falta de unidade na existência. Dentro de nós mesmos, indiferente ao sucesso transitório, permanece inexoravelmente desperta a ideia de nosso ser cotidiano ao qual opusemos a máscara da festa. É a lembrança constante do artifício que nos embaraça e nos perturba, e o nosso enleamento, contrastando com a desenvoltura dos outros, patenteia, aos olhos de todos, aqueles afastamentos que o disfarce das roupas não conseguiu apagar. Assim, a pausa passageira que se abriu em cada vida pode tanto arrebatar o indivíduo na vertigem de um instante, como atirá-lo na consciência aguda do borralho. Depois da mascarada, quando a ordem do mundo se refaz, brilha mais lúcida a verdade interior de cada um.

APÊNDICE

O RAPÉ*

O tabaco foi introduzido na Europa – na Inglaterra – no século XVII e fumado, inicialmente, em grandes cachimbos de barro, por homens, mulheres e crianças. Na França e Espanha era consumido sobretudo em pó, e desde o tempo de Luís XIII era hábito guardá-lo em caixinhas artísticas com as quais os governantes costumavam presentear os altos dignatários, em visitas protocolares. No início do século XVIII, o uso do rapé se difunde, tornando-se moda.

No princípio, os aficionados obtinham o pó raspando os rolos de fumo com ralos de marfim e, em seguida, servindo-se dele com pequenas colheres; mais tarde criou-se o hábito de tomar rapé com a ponta dos dedos. E as espécies mais finas eram preferidas pelos conhecedores com um requinte equivalente ao dos conhecedores das safras de vinho.

Na literatura da época – por exemplo, em Swift e Johnson – há inúmeras referências ao seu uso, mas a informação mais pitoresca é a que transparece do anúncio do jornal londrino, o *Spectator*, no início do século XVIII:

> Ensina-se o uso da caixa de rapé de acordo com as maneiras e modos mais elegantes, em oposição ao uso do leque, e nos tabacos mais finos e perfumados, no perfumista Charles Lillie, na esquina do edifício Beaufort no Strand, e atende-se aos

(*) Ver Millia Davenport, v. II, pp. 583-4

jovens comerciantes, diariamente – exceto aos domingos –, durante duas horas, a partir do meio-dia, na loja de brinquedos perto do Café Garraway.

Ensina-se igualmente o cerimonial da caixa de rapé ou as regras de como oferecer rapé a um estranho, um amigo, uma namorada, de acordo com o grau de intimidade ou cerimônia, com explicações suplementares sobre as pitadas displicente, desdenhosa, política e indiferente e sobre os gestos mais adequados a cada uma.

No século XVII em Londres 80% do tráfico de tabaco fazia-se sob a forma de rapé e em 1773 Johnson constata que ninguém mais fuma: todo o mundo de Garrick a Reynolds toma rapé. Nos primeiros decênios do século XIX o charuto começa a difundir-se e em meados do século o rapé abrange apenas 10% do comércio, transformando-se num hábito plebeu.

O XALE*
Não é notável que a moda, de ordinário tão inconstante e tão caprichosa, não tenha nunca abandonado o xale?

Em certas épocas diminui-lhe o favor, chegou até a esquecê-lo... por momentos, mas para tornar a adorá-lo com mais fervor.

É ao emprego dos magníficos tecidos de cachemira, adotado pela moda nos últimos anos do décimo oitavo século que remonta o uso do xale na Europa, e desde essa época, como vestimenta saudável e quente, cobrindo os ombros e os braços, preso por um broche ao peito, o xale continuou a ocupar no vestuário feminino lugar importante.

Triunfo legítimo, aliás, o desses maravilhosos tecidos, não menos admiráveis pela riqueza do desenho do que pela quente harmonia dos tons, e tão finos, tão macios que, modelando-se na pessoa feminina, fazem transparecer de algum modo a elegância do talhe e a graça do andar.

Além disso se quisermos fazer uma ideia da importância e do material dos tecidos de cachemira, basta pensar que um xale de superior quali-

(*) Transcrito de *A Estação*, 15 de fevereiro de 1884, 13º ano, nº 3.

dade exige um ano de fabrico, ao passo que se fazem seis a oito de uma espécie comum no mesmo espaço de tempo.

Se não fosse o temor de enfastiar as nossas leitoras, poderíamos insistir sobre a parte técnica do fabrico; mas o que desejamos principalmente é dizer-lhes que o xale, adotado de novo, conservar-se-á por muito tempo fazendo parte do vestuário feminino.

Se é certo que o grande furor de outrora se atenuou um pouco, não é menos verdade que a posse dessa luxuosa vestimenta causa sempre legítimo entusiasmo.

A Estação, *ano 3, n°5, 1884* \ coleção José Mindlin \ São Paulo.

O COLETE OU ESPARTILHO*

Foram Isabel da Baviera e as damas de sua corte as primeiras que usaram de coletes com barbatanas para manterem direitos corpos arruinados pelos excessos. Catarina de Médicis transportou a moda para a França e logo principiaram todas as damas a imprensar o peito em estojos tão rígidos que mal as deixavam respirar. Estes corpinhos guarnecidos de barbatanas, que passavam de tempos a tempos por suas modificações, continuaram a ser por perto de quatrocentos anos peça indispensável da vestidura. Foram precisas todas as luzes do século XVIII e a grande revolução de 1789 para abrir os olhos às mulheres e fazê-las abandonar suas couraças de barbatana de baleia. Cedendo ao império da razão, compreenderam elas os perigos desta moda e, imitando de longe o trajar grego, mostraram-se em toda a elegância de suas graças naturais.

Pouco durou, inda em mal, esta volta à razão. Em 1810 veio outro gênero de corpinho de barbatana, o colete moderno, a comprimir de novo o seio às mulheres, e os homens tiveram a barbaridade de achar galante uma mulher espartilhada, tesa e guindada.

Se podemos definir a beleza, a harmonia perfeita dum todo com as suas partes e das partes com o todo, a mulher realmente bela não o será depois que tiver a cintura esganada como um foguete, pois que este esganamento quebra os contornos harmoniosos e as linhas corretas que constituem a beleza do corpo humano. O colete só poderá convir a mulheres mal configuradas do peito ou disformes de construção, para disfarçar-lhes estes defeitos. Numa mulher bem-feita é o colete um insulto à natureza e, longe de realçar os encantos duma cintura flexível, torna-a empertigada e destituída de graça. Comprimi num colete as encantadoras formas de Vênus, e vereis como as admiráveis perfeições deste formoso corpo desaparecem de repente, ficando apenas uma figura burlesca. Finalmente se a

(*) Transcrito da *Revista Popular*, 10 de maio de 1860. Trata-se do final de um artigo assinado por Luís de Castro.

Retrato de Bernardo Calentano \ Domenico Morelli
Galleria Nazionale d'Arte Moderna \ Roma.

graça reside na flexibilidade e elegância dos movimentos, jamais mulher imprensada em estreito colete poderá ser graciosa, pois que de necessidade há de mover-se contrafeita, e duras hão de ser as suas atitudes.

Pobres vítimas do colete que vos julgais sedutoras com uma cintura de vespa ou de formiga, ide aos nossos museus, apascentai os olhos sobre essas estátuas de Vênus e de Niobe, vede essas formas arrebatadoras, essa harmonia de proporções e de contornos, admirai esses modelos encantadores da verdadeira beleza, e ficareis convencidas de que uma cintura proporcionada às demais partes do corpo é uma perfeição e tudo o mais aberração e deformidade.

O GESTO, A ATITUDE,
A ROUPA DO BRASILEIRO,
COMO FORAM FIXADOS PELA FOTOGRAFIA
DE MEADOS DO SÉCULO XIX
À PRIMEIRA GRANDE GUERRA

Comendador Joaquim Lourenço Corrêa, residente em Araraquara
Fotografia Renouleau \ São Paulo, c. 1875.

João Candido de Mello e Souza, barão de Cambuí, residente em Santa Rita de Cássia, Sul de Minas.

Os patriarcas municipais: o liberal e o conservador.

Casal de fazendeiros paulistas, no decênio de 1870.

Casal de Campinas, da família Bierrenback, não identificado
Foto Companhia Fotográfica Brasileira, Juan Guttierrez \ Rio de Janeiro.

Na página ao lado Joaquim Lourenço Corrêa e a 1ª mulher,
Francisca Miquelina Corrêa de Moraes \ Daguerreótipo, c. 1865.

Casal da alta classe média de Campinas, no decênio de 1890.

Casais de fazendeiros, em fins do decênio de 1870.

Casal não identificado, da região de Araraquara.

*Na página ao lado Joaquim Candido de Mello e Souza e sua mulher
Emília Ambrosina Nogueira de Mello,
no dia do casamento, c. 1875.*

José Maria Paixão e sua mulher Zulmira Vaz Paixão
Fazendeiros em Araraquara.

*Fazendeiros paulistas em Araraquara, no final do século XIX
e início do século XX.*

Coronel Tito Carvalho e sua mulher Angelina Corrêa Carvalho
Fotografia provavelmente tirada na Europa, 1900.

*Fazendeiros paulistas em Araraquara no final do século XIX
e início do século XX.*

Alarico Corrêa e senhora \ Na página ao lado Sebastião Lébeis e Zilota Magalhães Lébeis.

Leonor Almeida Prado Pedrosa e filha.

A mãe e a filha, primeiro decênio do século XX.

Joaquim de Almeida Leite Moraes e o neto, Candido Moraes Rocha
Foto Renouleau \ São Paulo \ c. 1889/1890.

O avô e o neto, *1890*.

Adelina, Zulmira e Candido de Moraes Rocha
Foto Henschel e Vollsack \ São Paulo, 1891.

Os irmãos.

Noêmia, João Cesar e Vicentina Bueno Bierrenback
Foto Henschel e Cia. (sucessores de Vollsack) \ São Paulo.

Carlos Baptista de Magalhães e Leoncia Arruda de Magalhães e os filhos Maria Dulce (Nicota), Carlos Leôncio (Nhonhô) e Zilota \ Araraquara, c. 1890/1895.

Grupos de família.

*Antonio Alves Pereira de Almeida, mulher e filhos.
O último, à direita, é seu sobrinho João Baptista Pereira de Almeida.*

Dr. Mario Moraes, Georgina Almeida Prado Moraes e filhos
Genebra, 1913.

Família paulista, residente em Genebra.

Da esquerda para a direita: Zilda Rocha Mello, Zulmira Rocha Corrêa e os primos de ambas Chiquinho Vaz e a irmã, Zulmira Vaz Paixão com os filhos Paulo e José mais a pagem.

Família de fazendeiros paulistas no fim do primeiro decênio do século XX.

Joaquim de Almeida Leite Moraes
Daguerreótipo provavelmente de 1854, por ocasião de sua formatura
na Academia de Direito de São Paulo.

Os jovens bacharéis: no daguerreótipo de 1854...

Joaquim de Almeida Leite Moraes Junior (Nhonhô)
Fotografia Alemã de Carlos Hoenen \ São Paulo, c. 1882.

... e na fotografia de 1882.

Ernesto Candido Gomes \ Santos, 1890.

O comissário de café abolicionista.

Zulmira Rocha Corrêa e a prima Zulmira Corrêa Vaz Paixão
Fotografia Araraquara, 1898.

As primas.

Ana Francisca de Almeida Leite Moraes (*Nhanhã*)
Fotografia Alemã, Alberto Henschel e Cia, Fotógrafos da Casa Imperial
São Paulo, c. 1885.

As belas da província (1885).

Laureana Arruda Leite Moraes
Fotografia Alemã Alberto Henschel e Cia, Fotógrafos da Casa Imperial
São Paulo, c. 1885.

Pio Lourenço Corrêa \ J. Perez e Cia., fotógrafos
São Carlos e Araraquara, 1896.

O fazendeiro de café, com a roupa de trabalho, 1896-1900.

Isaltino Corrêa de Almeida Moraes.

Candido Mariano Borba
J.F. Guimarães e Cia., fotógrafos \ Rio de Janeiro.

O fazendeiro de café e a dona de casa,
com a roupa de passeio, c. 1890.

Senhora paulistana, não identificada
Fotógrafo Henrique Rosen \ São Paulo, c. 1875/1880.

R. S. da S. Sobrinho e Francisco Pennaforte Mendes de Almeida
Carlos Hoenen e Cia. \ São Paulo, 1878.
Olavo Egídio de Souza Aranha \ Foto Henrique Rosen
Campinas, c. 1878.

Os acadêmicos de Direito, 1878.

Luisinha Sampaio. Sem outra referência.
Amazele Corrêa \ Fotografia esmaltada Henrique Rosen \ Campinas, 1878.

As jovens senhoras entre 1870 e 1878.

Nicota Magalhães (depois Pinto Alves)
Foto Carlos Hoenen \ São Paulo.

A Bela e o Militar.

Paulo Gomide \ Foto Pacheco \ Rio de Janeiro, 1907.

Antonio de S. Guimarães
Foto Carlos Hoenen \ São Paulo, 1890.

O janota provinciano, em 1890.

Alberto Carneiro de Mendonça
Geruzet Frères (Photographie inalterable)
Photographies de S. M. la Reine des Belges \ Bruxelas, c. 1880.

O dandy, na Europa, em 1880.

Conselheiro Antonio Prado
Photographie du Grand Hotel \ Nadar \ Paris.

Brasileiro cosmopolita, em Paris,
no ateliê de Nadar.

*Na página ao lado Zulmira Rocha Corrêa
e Georgina Almeida Prado de Moraes*
Genebra, 1911.

Brasileiras, com os chapéus que, em 1911,
comoviam Genebra.

Os chapeus que ... comoviam Genebra, em 1911

NOTAS BIBLIOGRÁFICAS

INTRODUÇÃO

1. Charles Blondel, *Introduction à la Psychologie Collective*, Armand Collin: Paris, 1928, p. 165.
2. S.R. Steinmetz, *Die Mode*, em *Gesammelte Kleinere Schriften zur Ethnologie und Soziologie*, III, P. Nordhoft, N.V., 1935, p. 154.
3. Gabriel Tarde, *Les Lois de L'imitation*, Felix Alcan: Paris, 1890, cap. O COSTUME E A MODA, p. 267 e segs.
4. Neueburguer, citado por Steinmetz, ob. cit., p. 151.
5. FASHION, em *Encyclopaedia of the Social Sciences*, v. V-VI.
6. Steinmetz. ob. cit, p. 161.
7. Burckhardt, THE CIVILIZATION OF THE RENAISSANCE, em *Italy*, Allen and Unwin, Ltda.: Londres-New York, 1944, p. 224
8. Montaigne, *Essais*, Livro I, cap. XLIX; La Bruyère, *Les caractères*, Cap. DE LA MODE; Fenelon, *Traité de L'Éducation*; Montesquieu, *Lettres Persanes*, XCIX.
9. Steinmentz, ob. cit., p. 173.
10. Ob. cit, p. 164.
11. Esta é também a opinião de Squillance (*La moda*, Remo Sandron: Milão, 1912, p. 109) e de James Laver (*Taste and Fashion from the French Revolution to the Present Day*, nova edição revista, Harrap, 1946, p. 212).
12. Para as vantagens e deficiências das diversas fontes de informação, ver C. Willet Cunnington, *The Art of English Costume*, Collins: Londres, 1948, cap. III.

A MODA COMO ARTE

1. A expressão é de Lalo. *L'Art et la Vie Sociale*, Gaston Doin: Paris, 1921, p. 137.
2. Este ponto de vista é adotado por Paul M. Gregory, THE DEFORMED TRIEF, em *The Antioch Review*, v. IV, Inverno de 1947/8.
3. Roger Bastide, *Arte e sociedade*, Livraria Martins Editora: São Paulo, 1945, p. 114
4. Steinmetz, ob. cit., p. 175
5. Em *Les Problèmes de l'Esthètique* (Vuibert, 1925, p. 118). Lalo observa que a arte pode ser: 1) a expressão da sociedade; 2) uma técnica para esquecer; 3) muito frequentemente uma reação contra a sociedade; 4) quase sempre um jogo à sua margem. Ora, de uma maneira geral poder-se-ia dizer o mesmo da moda.
6. Ch. Lalo, *l'Art et la Vie Sociale*, p. 134-135

7. Henri Focillon, *Vie des Formes*, Alcan: Paris, 1939, p. 3: *A obra de arte é medida do espaço, é Forma e eis, acima de tudo, o que devemos considerar.*

8. Idem, p. 15, definição que Focillon dá ao estilo em arte.

9. Gerald Heard, *Narcissus: An Anatomy of Clothes*, Kegan Paul: Londres, 1924.

10. *A ogiva e o sapato em ponta avançam juntos. Rapidamente atingem o clímax comum, quando as extremidades das calcetas têm de ser presas ao joelho e os arcos de Westminster compõem, acima dos capitéis, uma segunda igreja sem assoalho, que quase desmorona sobre nossas cabeças. Então voltando atrás vagarosamente e levando na retirada três vezes mais tempo que no avanço, a ponta do sapato e o ápice do arco se alargam até que as pantufas golpeadas e o arco Tudor se tornam tão rombudos como o arco de que 350 anos antes derivaram* (ob. cit., p. 82).

11. Gerald Heard, ob. cit., p. 99.

12. Idem, ob. cit., p. 154.

13. James Laver, *Taste and Fashion from the French Revolution to the Present Day*, Harrap: Londres, nova edição revista, 1947.

14. C. Willet Cunnington, *The Art of English Costume*, Collins: Londres, 1948.

15. James Laver, ob. cit., p. 996, gravura.

16. C. W. Cunnington, ob. cit., p. 53.

17. Gerard Heard, ob. cit., p. 40: *É evidente que, por toda a parte em que pudemos traçar a conexão entre as roupas e os prédios, a mudança se efetua primeiro no exterior e só então passa ao interior.*

18. Ob. cit., p. 211: *A moda é a ponta de lança do gosto ou, antes, uma espécie de catavento psíquico mostrando a direção em que o vento sopra; ou mesmo um catavento com o dom da profecia, mostrando em que direção ele vai soprar amanhã.*

19. Doutrina muito em voga por volta de 1930, segundo a qual a forma resulta da função.

20. A ideia deve ser aceita, realmente, com bastante cautela, pois os fatos desmentem a cronologia que Laver estabelece. Com efeito, na reportagem feita por Thomas B. Hess (OF ARTS AND THE MAN em *Art News*, outubro de 1949) sobre duas exposições organizadas pelo Museu de Arte Moderna de N. York (*Three Modern Styles* e *Modern Art in your Life*) com o objetivo de demonstrar as íntimas relações entre as diversas artes, encontramos uma gravura em que o confronto é feito entre uma residência "modernista", uma poltrona e um chapéu. A poltrona, de madeira, desenhada por Rietveld, é de 1924; a construção, dos ar-

quitetos Rietveld e Schroder, é de 1924; o chapéu de Agnes é de 1925...
21. J. Laver, ob. cit., p. 199.
22. Ch. Lalo, ob. cit., p. 120.
23. Rosamund Frost, SILK IN SEARCH OF SIX PAINTERS, em *Art News*, janeiro de 1947. *Já houve pintores que desenharam para as sedas estampadas. Mas neste caso atual o processo é novo e mais bem-sucedido; e o dono da ideia é a Onondaga Silk Company. Técnicos dessa organização vieram às Galerias de Pintura, olharam os exemplares expostos e escolheram seis artistas: Julien Binford, Gladys Rockmore Davis, Dong Kingman, William Palmer, Waldo Pierce, Doris Rosenthal. Os motivos foram selecionados de telas existentes – em geral telas secundárias, cujas possibilidades têxteis só especialistas seriam capazes de pressentir.*
24. *Art News*, janeiro de 1947, p. 63, reprodução de uma echarpe de seda em vermelhos e azuis, desenhada por Dali, para Wesley Simpson, Inc.
25. *Art News*, fevereiro de 1947, p. 3, anúncio das sedas Scalamandré, com motivos de De Chirico.
26. Escola de Clouet, Baile na Corte de Henrique III, chamado *O baile do duque de Joyeuse*, 1581, Louvre. Idem Baile na Corte de Henrique III, chamado *O baile do duque de Alençon*, 1584.
27. A expressão é de Focillon, que a emprega referindo-se à humanidade artificial que a moda inventa. *Vie des Formes*, p. 59.
28. Ver Antonio Pisanello, 1441/1448, *Mulher e dois homens em longas túnicas floridas*, Bayonne, Museu Bonnat; Giovanni di Paolo, *Jardim do paraíso*, 1445, Metropolitan Museum; Escola Lombarda (Milão, Casa Borromeo) séc. XV; detalhes de afrescos.
29. Ver Domenico Veneziano, *Retrato de uma moça*, talvez Izabel Montefeltro, esposa de Roberto Malatesta, Metropolitan Museum; Domenico Veneziano (?), *Retrato de uma moça*, antes de 1450, Berlim, Kaiser Friedrich Museum; Piero della Francesca, *Retrato de Frederico I de Montefeltro, duque de Urbino e de Battista Sforza, sua mulher*, 1465/1466, Florença, Galeria Uffizi; Ercole Roberti, *Retrato de Ginevra Bentivoglio*, National Gallery Of Art.
30. Pisanello, *Retrato de senhora*, 1410/1420, Wash. Nat. Gall. Of Art.
31. Roger Van der Weyden, *Retrato de senhora*, c. 1455, National Gallery, Washington. Ver também, do mesmo pintor, *Retrato de mulher jovem*, c. 1435, Kaiser Friedrich Museum.
32. Focillon, *Vie des Formes*, p. 59
33. Proust, *Sodome et Gomorrhe*, II, p. 134.
34. Proust, *Le Côté de Guermantes*, I, p. 129.
35. Cunnington, *The Art of English Costume*, Collins: Londres, 1948.

36. O autor prefere o termo "eixo" ao termo "linha", já que este último tem um sentido muito geral (cf. ob. cit., p. 39).

37. E exclama Cunnington: *Como seria mais lógico se a vestimenta fosse descrita em termos geométricos em vez de o ser em termos pseudo-históricos! [...] Como o catálogo de roupas seria mais informativo se as descrições fossem um pouco mais científicas! Assim um vestido semicurvilíneo de ângulo básico de 45 graus, cintura medianamente alta pelo menos daria ao leitor uma noção aproximada de sua Forma essencial, embora talvez não lhe encorajasse a venda* (ob. cit., p. 85).

38. Ob. cit., p. 162.

39. *Basta olharmos para as ilustrações de diversas épocas do passado para vermos como a arte da vestimenta tentara esconder a existência das grandes juntas, ou passando galhardamente por cima delas, ou destruindo-as com vários disfarces, como enchimentos, mangas bufantes, excrescências etc.* (ob. cit., p. 182).

40. Prefácio, p. 1, 6, 8 e 10.

41. Ver o retrato de Henrique VIII, de Holbein (1537); o de Ferdinando, Arquiduque de Tyrol, de Seisenegger (1556); o do Eleitor Augusto da Saxônia, atribuído a L. Granach (1553); o de Thomas Howard, Conde de Surrey, de Gwillim Stretes (1548); o de Dom Estevam da Gama, Governador da Índia, e de Dom Afonso de Noronha, vice-Rei da Índia.

42. Quando, ao contrário, por um acidente qualquer como o luto na corte, a nobreza vê-se condenada ao uso do pano, são as sedas que perdem o seu significado distintivo. *C'est merveille comme la costume, en ces choses indifférentes, plante aisément et soudain le pied de son authorité. A peine fusmes nous un an, pour le dueil du Roy Henry second, à porter du drap à la cour, il est certain que desja, a l'opinion d'un chacun, les soyes estoient venues à telle vilité que, si vous en voyez quelqu'un vestu, vous en faisiez incontinent quelque homme de ville. Elles estoient demeurées en partage aux médecins et aux chirurgiens; et, quoy qu'un chacun fust à peu prés vestu de mesme, si y avoit-il d'ailleurs assez de distinctions apparentes des qualitez des hommes,* Montaigne, *Essais,* c. XLIIII, DES LOIX SOMPTUAIRES, Éditions de La Pléiade: Paris, 1946, p. 267.

43. Marcel Braunschvig, *La Femme et la Beauté*, Armand Collin: Paris, 1929, p. 108-109.

44. Ob. cit., p. 43.

45. Ver a série de retratos de Isabel da Inglaterra, em especial o retrato de Marcus Gheeraerts (1590).

46. 1610-1611, Museu do Prado, Madri.

47. Comparar o quadro de G. van Honthorst, *Isabel da Bohemia e seus*

filhos (1628, Chatsworth, Duque de Devonshire), com *Lady Smith e seus filhos*, de Reynolds (1788, Metropolitan Museum), ou com *Os filhos de Jorge III*, de Copley (1785, Hampton Court).

48. A psicologia também a poderia responder, apelando para a lei da saciedade, o prazer desaparecendo com a duração. Mas se é a vida urbana que acelera o fastio, estamos, em última análise, diante de um comportamento intimamente ligado a um determinado tipo de vida em sociedade. Ver a esse respeito o artigo de Deonna, ART ET SOCIETÉ, em *Revue Internacional de Sociologie*, n° 5 e 6, p. 234.

O ANTAGONISMO

1. Ver a esse respeito o artigo de Deonna, ART ET SOCIETÉ, em *Revue Internacional de Sociologie*, n° 5 e 6, p. 234.
2. Cf. W. I. Thomas, *Sex and Society*, STUDIES IN THE SOCIAL PSYCHOLOGY OF SEX, The University of Chicago Press, 4ª ed., 1913, p. 227 e segs.
3. Viola Klein, *The Feminine Character – History of an Ideology*, Kegan Paul, Londres, 1946, p. 16. *O declínio da cristandade, provocado pelo progresso sem precedentes das ciências físicas durante o século XIX, não mais admitia uma aquiescência passiva do estado de coisas, como sendo ordenado por Deus. O indivíduo não mais se satisfazia com a crença de que o sofrimento humano seria recompensado pela felicidade celeste e além-túmulo mas solicitava remédios terrenos e imediatos. A pobreza do pobre – e também, de alguma forma, a Sujeição das Mulheres – não eram mais considerados como estados naturais irremediáveis, mas como o resultado de instituições sociais pelas quais o Homem, e não Deus, era responsável.*
4. Ver Gilberto Freyre, *Sobrados e mocambos*, Companhia Editorial Nacional: São Paulo, 1936, cap. II, p. 68: [...] era entrar homem estranho em casa, e ouvia-se logo o ruge-ruge de saias de mulher fugindo, o barulho de moças de chinelo sem meia se escondendo pelos quartos ou subindo as escadas. O que se dava tanto nos engenhos como nas cidades.
5. Willet Cunnington, *Feminine Fig-leaves*, Faber and Faber: Londres, 1931, p. 159.
6. William Thomas, ob. cit., p. 233.
7. Gilberto Freyre, *Sobrados e mocambos*, cap. IV, p. 118.
8. Cunnington, *The Art of English Costume*, p. 55 e 81.
9. Ver *The Graces in a High Wind*, água-forte de J. Gillray, 1810, em James Laver, *Taste and Fashion*, 17.
10. Max Von Boehn, *La Moda nel Secolo XIX*, Bergamo, 1909, v. II, p. 111.

11. Ver as águas-fortes de Cruikshank, NOTHING EXTENUATE NOR AUGHT SET DOWN IN MALICE e A SNUG BERTH IN A SHOWER, respectivamente em Cunnington, *The Art of English Costume*, fig. 26, e Laver, *Taste and Fashion*, prancha III.

12. Sobre a máquina de costura escreve Millia Davenport, *The Book of Costume*, 2 vols., Crown Publishers, New York, 1948, v. II, p. 797: *A máquina de costura havia sido inventada em 1830 mas só se tornou praticável em 1843 com os aperfeiçoamentos de Howe: mais ou menos simultaneamente são feitas inovações por Wilson, Crover, Singer e Gibbs. Primeiramente usada na fabricação de sapatos, em 1850 já produzia roupa masculina barata, a ser vendida pronta. Em 1858 os grandes costureiros de Paris usavam-na. E em 1860 quase toda roupa era feita à máquina e estava a caminho da padronização.*

13. Cunnington, *The Perfect Lady*, p. 44.

14. Para os ciclos da moda ver o estudo de A.L. Kroeber, ON THE PRINCIPLE OF ORDER IN CIVILIZATION AS EXEMPLIFIED BY CHANGES OF FASHION, em *American Anthropologist*, v. XXI (1919), p. 235-263.

15. Gradville, CHAPELARIA, em Max von Boehn, *La Moda nel Secolo XIX*, Bergamo, 1909, v. III, p. 81.

16. Ob. cit., v. II, p. 129.

17. Trata-se do *Aesthetic Movement*, derivado em grande parte do movimento dos Pré-rafaelitas e, portanto, de Willian Morris, Burne-Jones e Rossetti, os quais pretendiam fazer voltar a inspiração das vestimentas femininas a 1250. Encontrar-se-á uma descrição detalhada do mesmo em James Laver, *Taste and Fashion*, p. 65-68.

18. Ver Max von Boehn, ob. cit., v. III, p. 63-65.

19. Para este resumo foram utilizados os seguintes livros: Max von Boehn, *La Moda nel Secolo XIX*, v. III; Millia Davenport, *The Book of Costume*, 2 vols; Nevil Truman, *Historic Costume*, Pitman: Londres, 1949; R. Turner Wilcox, *The Mode in Costume*, Scribner's: Nova York, 1948; W. C. Cunnington, *English Women's Clothing in the Nineteenth Century*, Heinemann: Londres, 1935; Idem, *The Perfect Lady*, Parrish: Londres, 1948; James Laver, *Taste and Fashion*, Harrap: Londres, 1946; Idem, *Fashion and Fashion Plates*, The King Penguin Books: Londres, 1943.

20. Coleção Durand-Ruel, Paris, 1883.

21. José de Alencar, *Diva*, Record, 1938, p. 42-43.

22 Machado de Assis, *Dom Casmurro*, Garnier: Rio, 2ª ed., p. 216.

23. Marcel Proust, *À l'Ombre des Jeunes Filles en Fleurs*, Gallimard, 135ª ed., tomo II, v. II, p. 211.

24. Cunnington, *The Art of English Costume*, p. 113.
25. Cunnington, ob. cit., p. 211.
26. J. de Alencar, *Senhora*, p. 205; Machado de Assis, *Dom Casmurro*, p. 11 e 21.
27. John Brophy, *The Human Face*, Harrap: Londres, 1946, 2ª ed., p. 35, 38 e 355. Ver também Almeida Nogueira, *A academia de São Paulo Tradições e reminiscência*, 9 vols., S. Paulo, 1907/1912, v. VI, p. 16 e segs. Eis como descreve os tipos de barba e bigodes usados em São Paulo, pelos estudantes de Direito, pela altura de 1860:

O feitio da barba, que, então como sempre, não escapava ao arrastamento da moda, era o da barba toda, ao natural, discretamente aparada nas extremidades e reduzidos ao alinhamento devido, a poder de escova ou de tesoura, os fios indisciplinados. Era esse o feitio considerado mais sério, decente e "come il faut".

Mais tarde tornaram-se comuns as barbas à Napoleão III, a saber: bigodes pontiagudos e barbicha ou barba longa e estreita sob o queixo; depois, sem muita popularidade, a inglesa, a saber: barba rapada no queixo e suíças laterais. Notou-se, nesse período, certa indecisão na moda; porque não se adaptando a todas as fisionomias esse feitio de barba, algo antipático, muitos eram os que compunham o rosto por outra forma, v. g., deixando o "cavaignac" e pera ou costeletas, ou conservando a barba à Nazareno.

Alguns lustros depois, amoldaram-se as barbas, mais ou menos crescidas, ao tipo de Francisco I, terminando-as em ponta. Esta moda logo se evolveu para o sistema que no Brasil se denominou "à Andó", a saber: rente, muito rente, lateralmente e com transição paulatinamente gradativa, mais abundante sob o queixo, terminando-se em ponta. Como variante, a terminação podia ser em duas pontas, à Mefistófeles.

Hoje em dia, a moda avassaladora é a dos bigodes, sem mais nada. Entretanto, já lhe começa a fazer competência o sistema "yankee", rosto totalmente raspado, como também usavam os romanos. Não fica mal... a quem tenha feições muito regulares e o capricho de barbear-se diariamente.

28. Joaquim Manuel de Macedo, *Rosa*, p. 27; Machado de Assis, *A mão e a luva*, p. 61; *Yayá Garcia*, p. 35; *Quincas Borba*, p. 272-277.
29. J. de Alencar, *Senhora*, p. 37 e 58.
30. Ver Nota 15 do segundo capítulo.
31. Machado de Assis, Capítulo dos chapéus, em *Histórias sem data*, Rio, W.M. Jackson, 1937.
32. Alencar, *Senhora*, p. 96.
33. Machado, *Yayá Garcia*, p. 119.

34. Ver, no final do livro, o Apêndice.
35. Ambas as expressões são de Alencar (*Senhora* e *O demônio familiar*).
36. Para análise psicanalítica da vestimenta, ver Flügel, DE LA VALEUR AFFECTIVE DU VÊTEMENT, em *Revue Française de Psychanalyse*, tomo IV, n° 4, p. 512-516.
37. Para os símbolos fálicos na vestimenta masculina, ver Flügel, ob. cit., p. 512-516.
38. Para este ponto, ver E. Goblot, *La Barrière et le Niveau*, Felix Alcan: Paris, 1930, p. 78 e segs.
39. H. de Balzac, *Traité de la Vie Élegante*, Bibliopolis: Paris, 1939, p. 38-39.
40. Balzac, ob. cit., p. 73: *O "dandismo" é uma heresia da vida elegante.* E p. 74: *Tornando-se "dandy" um homem se torna um móvel de "boudoir", um boneco extremamente engenhoso, que pode montar a cavalo, sentar num canapé, morder, por hábito, o cabo da bengala, mas um ser pensante jamais! O homem que no mundo só enxerga a moda é um tolo: A vida elegante não exclui o pensamento nem a ciência: ela os consagra.* J. de Alencar, *Diva*, p. 53: *Ela passeava no salão pelo braço de um moço de vinte anos, ridículo arremedo de homem, que a moda transformara em elegante boneco.*
41. Proust, *À l'Ombre des Jeunes Filles en Fleurs*, tomo II, p. 178: *Por causa de seu "chic", de sua impertinência de jovem "leão", sobretudo por causa de sua extraordinária beleza, alguns achavam-no mesmo com um ar afeminado.*
Ver ainda Thackeray, *Vanity Fair*, p. 53, onde o amor exagerado de Jos Sedley pelas roupas e pomadas faz com que seu pai o julgue *fútil, egoísta, preguiçoso e afeminado.*
42. Balzac, ob. cit., p. 36.
Excelente exemplo dessa passagem de uma aristocracia a outra é a descrição feita por Almeida Nogueira da indumentária usada pelo estudante Francisco Honorato Cidade, quando, por volta de 1845, chega ao Desterro (Florianópolis), sua terra natal, a bordo de um bergantim. *Desembarcou trajando com apuro, à moda do tempo, casaca de pano cor de azeitona, com botões amarelos, e calções de cetim preto, e trazendo meias de seda pretas e sapatos de polimento, de entrada baixa com fivelas de ouro. Completavam o vestuário de gala chapéu armado e espadim. Em elegante latinha tubular, presa a fita de seda encarnada, prendia a tiracolo pergaminho acadêmico, motivo da festa que o aguardava.* (A. Nogueira, v. II, p. 112-113).

43. Proust, *Sodome et Gomorrhe*, II, v. I, p. 1599.
44. José de Alencar, *Diva*, p. 124.
45. Balzac, ob. cit., p. 39.
46. É esse sistema peculiar de trocas e compensações que José de Alencar descreve, com um senso didático minucioso, numa das falas de *O demônio familiar*:
Azevedo – *De certo! Uma mulher é indispensável, e uma mulher bonita... É o meio pelo qual um homem se distingue no "grand-monde". Um círculo de adoradores cerca imediatamente a senhora elegante e espirituosa, que fez a sua aparição nos salões de uma maneira deslumbrante! Os elogios, a admiração, a consideração social acompanham na sua ascensão esse astro luminoso, cuja cauda é uma crinolina e cujo brilho vem da casa do Valais ou da Bérat, à custa de alguns contos de réis! Ora, como no matrimônio existe comunhão de corpo e de bens, os apaixonados da mulher tornam-se amigos do marido e vice-versa: o triunfo que tem a beleza de um lança um reflexo sobre a posição do outro. E assim consegue-se tudo!* (José de Alencar, ob. cit., p. 48).
Para o ócio da mulher reforçando o status do marido, ver ainda: Viola Klein, ob. cit., p. 14; Thorstein Veblen, *The Theory of Leisure Class*, principalmente p. 82, 131 e 182; do mesmo autor, THE ECONOMIC THEORY OF WOMAN'S DRESS, em *Essays in our Changing Order*, p. 67.
47. Proust, *Le Côté de Guermantes*, II, Gallimard, 58ª ed., p. 146.
48. Idem, *À l'Ombre des Jeunes Filles en Fleurs*, tomo II, v. II, p. 27.
49. *Quincas Borba*.
50. Machado de Assis, *A mão e a luva*.

A CULTURA FEMININA

1. Até a segunda metade do século XVIII, Paris, que era então o grande centro criador de modas, enviava de tempos em tempos, para as grandes cidades europeias, pequenas bonecas vestidas com as últimas criações. É claro que um tal processo rudimentar fazia com que o resto do mundo apresentasse sempre um considerável atraso em relação à moda reinante na capital francesa. A invenção dos figurinos veio solucionar o problema. Surgindo no fim do século, na Inglaterra e na França, em breve se multiplicaram, tornando-se um dos elementos indispensáveis da mulher elegante. O mais antigo de todos talvez seja *The Lady Monthly Museum*, aparecido em 1798 e que logo teve rivais no *Le Beau Monde* e em *La Belle Assemblée*. Mais tarde aparecem *The English Woman's Domestic Magazin*, *Le Courrier de Dames*, *Le Moniteur de la Mode*, *Les Modes Parisiennes*, *Le Journal des Demmoiselles*, *Le Magasin des*

Demoiselles, *Le Journal des Dames*. Além disso, revistas como *Le Follet*, *Nouveau Paris* de Mercier, *The Young Englishwoman*, trazem sempre a sua prancha de modas. O mesmo acontecia com nossas publicações como a *Revista Popular* ou o *Novo Correio de Modas*, que reproduziam as admiráveis aquarelas de Anais Toudouze, fazendo uma pormenorizada descrição dos trajes. Por isso, no Brasil, a entrada do paquete inglês era esperada com sobressalto, pois junto com as notícias internacionais chegavam as regras da elegância. A crônica social de 16 de março de 1860, da *Revista Popular*, abre-se alvissareira com a notícia da última revolução havida nas altas e aristocráticas regiões da moda – a imperatriz Eugênia havia abandonado a crinolina.

2. Em 1850 havia, na Inglaterra, 21 mil governantes registradas, a grande maioria proveniente de famílias do clero e de famílias empobrecidas por especulações desastrosas. (Ver Alicia Percival, *The English Miss to Day and Yesterday*, Harrap: Londres, 1939, p. 99).
Para o problema da governante, ver ainda Viola Klein, ob. cit., principalmente o cap. II; os livros de Cunnington, principalmente, *Feminine Attitudes*, p. 118-119; *The Perfect Lady* e *Feminine Fig-leaves*; Thackeray, *Vanity Fair*; Charlotte Brontë, *Jane Eyre*.

3. Das revistas inglesas, por volta de 1840/1850, citado por Cunnington, *Feminine Atitudes in the Nineteenth Century*, Heinemann: Londres, 1935, p. 119.

4. Eis como Charlotte Brontë, governante e filha de pastor, se refere, em carta para a irmã, à sua triste condição:
Em minha última carta eu disse que Mrs. Sidewick não me conhecia. Começo a achar, agora, que ela não pretende me conhecer: que não se incomoda comigo a não ser na medida em que pode tirar de mim a maior quantidade possível de trabalho; e assim, afoga-me em oceanos de costuras, metros e metros de cambraia para embainhar, toucas de musselina para fazer e, além de tudo, bonecas para vestir... Vejo com uma clareza maior do que antes, que uma governante particular não tem existência, não é considerada um ser racional, exceto no que diz respeito ao fatigantes deveres que tem de cumprir (em Alicia Percival, ob. cit., p. 118).

5. Arthur M. Schlesinger, *Learning How to Behave – A Historical Study of American Etiquette Books*, Macmillan: N. York, 1946, p. 25. E todo o capítulo REPUBLICAN ETIQUETTE. Ver ainda Cunnington, *Feminine Attitudes*, p. 121 e segs. Entre outros manuais de boas maneiras, pode-se citar ainda na Inglaterra: *The Etiquette of Courtship and Marriage*, *The Girl's Book of Diversions*, *The Handbook of Toilet* (1841) etc. (Em Cunnington, ob. cit.)

6. George Simmel, *Cultura Feminina y Otros Ensayos*, trad. Espanhola, 3ª ed., Espasa: Buenos Aires, 1944, FILOSOFIA DE LA COQUETERIA, p. 56 e todo o ensaio.

7. As teorias que veem a origem da vestimenta na modéstia ou na luta contra o clima estão hoje postas de lado. Ver o artigo de Ruth Benedict, DRESS, em *Encyclopaedia of Social Sciences*, v. V-VI.

8. Para este ponto de vista ver o estudo de J.C. Flügel, DE LA VALEUR AFFECTIVE DU VÊTEMENT, em *Revue Française de Psychanalyse*, tomo III, nº 3, 1929, e *The Psychology of Clothes*, International Psychanalyse Library, 1930, Compte-rendu em *Revue Française de Psychanalyse*, tomo IV, nº 4, 1930-1932, p. 66 e segs.

9. A teoria de Flügel é, de certa forma, retomada por Cunnington em seus livros. A essas duas atitudes corresponderiam duas formas na vestimenta: a Vertical e a Gótica (ou a Clássica e a Sentimental). Ambas são encontradas no século XIX. Ver, principalmente, *Englishwomen's Clothing in the Nineteenth Century*, Faber & Faber, 1948, em especial a Introdução.

10. Cf. Flügel, *De la Valeur Affective du Vêtement*, ob. cit., p. 520.

11. Hoje em dia*, quando os tabus do corpo e da moral se afrouxam, não havendo limites muito nítidos do pudor, é necessário, para que a tensão entre os sexos perdure, variar constantemente a porção de pele exposta. O compromisso entre o exibicionismo e o seu recalque encontra uma nova forma de expressão no ritmo acelerado da moda. Pois à medida que as diferentes partes do corpo transpõem a zona de resistência do pudor, vão, progressivamente, perdendo o seu conteúdo emocional. Assim aconteceu com os pés, com o tornozelo, com os braços, o hábito transformando essas regiões outrora perturbadoras em regiões estéreis que o homem contempla sem emoção. Daí a necessidade da moda variar, ininterruptamente, as porções do corpo exibidas. As pernas femininas, por exemplo, que durante séculos foram como que o último reduto do pudor da mulher, libertam-se neste século no decênio de 20 e, desde então, pre-

---

* Hoje (quase quarenta anos depois dessa observação) com a generalização da nudez nas praias, no Carnaval etc. o ritmo erótico da moda deixa de ter sentido. Nudez e vestimenta coexistem em espaços diferentes. O problema deve ser encarado de modo diverso.

O texto acima foi redigido a lápis pela autora ao lado dessa nota 11, na margem da primeira edição de *O espírito das roupas* publicada pela Companhia das Letras em 1987 • Nota dos editores.

senciamos um período de desbragada ostentação dos membros inferiores, que vai culminar em 28, quando os vestidos alcançam os joelhos e o homem contempla, enfastiado, toda uma área que lhe era proibida. Contudo, o busto, que fora abolido nos vestidos cilíndricos do pós-guerra, e o colo, que não se mostrava nas blusas "chemisier" e na roupa assexuada de corte americano, que dominou o mercado até o recente renascimento da costura francesa, subitamente se acentuam e se desnudam, enquanto a saia desce à altura estipulada por Christian Dior – trinta centímetros do chão. Escondidas durante um breve espaço de tempo, de novo as pernas ressurgem no princípio de 1950... Hoje, portanto, o ritmo erótico consiste em abandonar constantemente a "zona erógena" que se transformou em "zona estéril", a finalidade da moda sendo, em grande parte, essa procura sem fim. (Para o ritmo erótico, consultar James Laver, *Taste and Fashion*, em especial p. 201; mesmo autor, *Letter to a Girl on the Future of Clothes*, Home & Van Thal, 1946; Marañon, *Gordos y Flacos*, La Lectura: Madri, 1926, Steinmetz, ob. cit., p. 185 e segs.)

12. Macedo, *Rosa*, p. 171.

13. Alencar, *Senhora*, p. 101: *O pé escondia-se em um pantufo de cetim que às vezes beliscava a orla da anágua.*

14. Analisar, por exemplo, os seguintes trechos:
Alencar, *Senhora*, p. 180: [...] *eram azuis as fitas do cabelo e do cinto, bem como o cetim de um sapato raso, que lhe calçava o pé como o engaste de uma pérola.*
– Idem, *Lucíola*, p. 164: *Em vez dos pantufos aveludados que costumava usar em casa, no desalinho, calçava uma botinha de merinó preto, que ia-lhe admiravelmente, porque ela tinha o mais lindo pé do mundo.*
– Idem, *O demônio familiar*, p. 127-28: *Moça bonita é Nhanhã Carlotinha! Essa sim! Não tem cá panos, nem pós! Pezinho de menina: cinturinha bem feitinha; não carece apertar! Sapatinho dela parece brinquedo de boneca.*
– Macedo, *Rosa*, p. 18: [...] *seu vestido que atingia o maior grau de simplicidade, desenhava suas formas graciosas, cometendo apenas o erro, indesculpável de, por muito comprido, esconder os seus pezinhos apertados em sapatos de lã preta.*
– Idem, *A Moreninha*, p. 214: [...] *e que seu pecado contra a modéstia reinante não era senão um meio sutil de que se aproveitava para deixar ver o pezinho mais bem feito e mais pequeno que se pode imaginar.*
– Machado de Assis, *Quincas Borba*, p. 190: *Sentada, via-se-lhe metade do pé, sapato raso, meia de seda, coisas todas que pediam misericórdia e perdão.*

– Idem, *Dom Casmurro*, p. 289: *Uns sapatos, por exemplo, uns sapatinhos rasos de fitas pretas que se cruzavam no peito do pé e princípio da perna.*
– Idem, *Helena*, p. 115: [...] *via-lhe o perfil correto e pensativo, a curva mole do braço e a ponta indiscreta e curiosa do sapatinho raso que ela trazia.*

15. Alencar, *Lucíola*, p. 241.

16. Alencar, *Lucíola*, p. 214.

17. Alencar, *Senhora*, p. 267.

18. Macedo, *Rosa*, p. 68, e ainda Macedo, *Rosa*, p. 71: *Vinha a bela moça penteada com bandós* [...] *sua cabeça coroava-se com uma grinalda de margaridas;* [...] *mostrava-se em seu peito uma orgulhosa margarida* [...]

19. Alencar, *Senhora*, p. 78

20. Voltaremos a este ponto no quinto capítulo: O MITO DA BORRALHEIRA.

21. Thackeray; *Vanity Fair*.

22. Cf. Simmel, *Cultura Feminina y Otros Ensayos*, p. 11. *Estabeleçamos antes de mais nada que a cultura humana mesmo em seus conteúdos mais depurados, não é assexuada* [...] *Nossa cultura, na realidade, é inteiramente masculina – com exceção de muito pequenas esferas. Foram homens que criaram a arte, a indústria, a ciência e o comércio, o Estado e a religião.*
Cf. Simone de Beauvoir, ob. cit., p. 432, 435, 437.

23. A mulher intelectual é, no século XIX, considerada repulsiva. Eis como é descrita numa longa série de artigos aparecidos no *Saturday Review*, em 1867 e 1868: *Ela se embrenha nas "ogias"; adora Kingsley porque ele é sério: defende os sofrimentos de seu sexo; acha os velhos estúpidos e os jovens intoleráveis. Seu temperamento, como seu rosto, é rígido e ossudo; mergulha na ciência e corta os cabelos, ficando a calhar para as conferências do Prof. Huxley* (em Cunnington, *Feminine Attitudes*, p. 176-177).
Ou, noutra série de artigos, THE GRIEVANCES OF WOMEN, aparecidos de 1840 a 1850: *Imagine-se uma mulher, linda, elegante, tomando parte nas rixas de uma sacristia ou entrando na tumultuosa arena da política! Onde estariam então as pacatas alegrias do lar!* [...] *O sexo oposto ama, respeita, adora-as e assim continuará fazendo, enquanto conservarem essa inestimável joia, a* Virtude (em Cunnington, ob. cit., p. 118).

24. Proust, *À l'Ombre des Jeunes Filles en Fleurs*, tomo II, p. 26.

25. Ver Hegel, *Esthètique*, trad. francesa, Aubier: Paris, 1944, tomo I, p. 8:

Mas podemos afirmar, contra essa opinião, que a beleza criada pela arte é inferior ao belo natural, que o belo artístico é superior ao belo natural, porque é um produto do espírito. O espírito sendo superior à natureza comunica também a sua superioridade aos seus produtos e, por conseguinte, à arte. Eis por que o belo artístico é superior ao belo natural.
26. Proust, *À l'Ombre des Jeunes Filles en Fleurs*, tomo II, p. 133.
27. Hegel, ob. cit., p. 23:
Enquanto uma obra de arte, em vez de exprimir pensamento e conceitos, representa o desenvolvimento do conceito a partir dele mesmo, uma alienação para fora, o espírito possui o poder de se apreender a si mesmo sob a forma do sentimento e da sensibilidade – em resumo, de se apreender nesse outro si-mesmo.
28. Proust, *Le Côté de Guermantes*, tomo I, p. 129.
29. Hegel, *Esthètique*, tomo III, 1ª parte: A escultura, p. 106.
30. Proust, *À l'Ombre des Jeunes Filles en Fleurs*, tomo II, p. 52.
31. Em seu ensaio CULTURA FEMININA (em *Cultura Feminina y Otros Ensayos*), Simmel defende o ponto de vista de que a mulher é um ser unitário por excelência, faltando a ela *essa qualidade tão masculina de manter intacta a essência pessoal mesmo quando se dedica a uma produção especializada, que não implica a unidade do espírito.* Cada uma das atuações da mulher, ao contrário, *põe em jogo a personalidade total e não separa o eu dos seus centros sentimentais.* Daí realizar-se plenamente apenas nas artes do espaço (p. 16-17), como a arte teatral, onde efetua a imersão integral da personalidade toda na obra ou fenômeno artístico (p. 34 e segs). Contudo, até onde esse temperamento unitário será fruto de fatores sociais? Cf. com Viola Klein, *Feminine Character*, p. 170: *A convicção crescente, baseada na evidência psicológica, é que os traços da personalidade são "produtos derivados de interesses imediatos e incentivos" e desenvolvem-se de acordo com o papel social do indivíduo numa cultura determinada. Entre as circunstâncias que determinam esse papel o sexo é apenas um dos elementos.*
32. Proust, *À l'Ombre des Jeunes Filles en Fleurs*, tomo II, p. 136. Ver ainda Honoré de Balzac, *Théorie de la Démarche*, p. 15 e segs., e p. 45 e segs.
33. Cf. Cunnington, *The Percfect Lady*, p. 66:
Pois havia uma sutil distinção de classe na maneira adequada de levantar a longa saia. Enquanto a mulher francesa empregava as duas mãos para erguer ambos os lados, a "lady" inglesa apanhava os bordos da fazenda com a ponta dos dedos, suspendendo a saia até os quadris, para finalmente descansar a mão na anca, sem girar o cotovelo. Distinguia-se

assim, ainda, do vulgar populacho, cujos cotovelos se projetavam para fora, comprometendo as curvas rítmicas.
Cf. ainda Cunnington, *Feminine Attitudes*, p. 96:
A arte do xale é estudada; produz belas atitudes e o seu arranjo denota o nível social.
34. Viola Klein observa que seria interessante adotar no estudo do grupo feminino o ponto de vista de Stonequist em *The Marginal Man*, isto é, estudá-lo como uma minoria oprimida (p. 171):
Um outro ponto de vista interessante e frutífero seria a comparação entre os traços de personalidade da mulher e de outros grupos sociais em situação análoga, a saber: os imigrantes, judeus, convertidos, povos conquistados, negros americanos, nativos ocidentalizados, intelectuais, que romperam com os grupos sociais e as classes em que se originaram, mas ainda não se libertaram completamente dos laços que os prendem a eles.
35. É sabido que as reivindicações femininas têm-se feito acompanhar de modas masculinas, fenômeno bastante nítido no após-guerra de 14/18. O decênio de 20, por exemplo, estipulou para a mulher uma forma assexuada, os coletes dessa época anulando completamente as curvas, o busto, a cintura, os quadris, e transformando o corpo num cilindro.
Uma curiosa manifestação desse sentimento de insegurança e inferioridade das mulheres em relação ao grupo masculino têm sido *os roubos* de peças da indumentária dos homens, realizados à medida que o movimento de emancipação feminina progride. Reivindicando para as mulheres os mesmos direitos dos homens, a primeira coisa que as *sufragettes* fizeram foi inventar os *bloomers*. Mas vejamos alguns desses furtos:
– No início do século, as calças (*lingerie*);
– Em 1850, o colete;
– Em 1860, a camisa, o colarinho, a gravata;
– Em 1870, a roupa *tailor-made*. Sob a liderança da nova princesa Alexandra, os alfaiates de senhoras fazem costumes de saia e jaqueta.
(Cf. Millia Davenport, *The Book of Costume*, principalmente p. 797).

A LUTA DAS CLASSES
1. Cf. Proust, *Le Côté de Guermantes*, II, p. 85. *Para cúmulo do azar, fui sentar-me na sala reservada à aristocracia, donde ele veio tirar-me com rudeza, indicando-me, com uma grosseria à qual imediatamente se conformaram todos os "garçons", um lugar na outra sala.*
2. Max von Boehn, *Mode and Manners*, v. IV, p. 43.
A sociedade daquele tempo se dividia em classes, distanciadas umas das

outras, com tantos direitos e deveres que a preservação destes era motivo de zelosos cuidados, não só para o indivíduo, como também para o Estado, considerado como um todo. E mais adiante: *Certa sra. Wollwarth dizendo a Neubrann "que a nobreza e a burguesia eram duas raças distintas, cuja separação havia de subsistir até no outro mundo", não expressava apenas uma opinião pessoal, nem julgava do ponto de vista da nobreza, pois sabia que assim pensava também a classe média.*

3. Ver Simmel, *Sociologia*, trad. esp., v. II. Digresión sobre la Nobleza, p. 319.

4. Proust, *À l'Ombre des Jeunes Filles en Fleurs*, p. 124.

5. Um exemplo expressivo é a nobreza do Império, na França, ou a nobreza inglesa do século XIX, de políticos, banqueiros, comerciantes feitos lordes.

6. Proust, ob. cit., p. 124-125.

7. Balzac, *Traité de la Vie Élegante*, p. 71.

8. José de Alencar, *Senhora*, p. 331.

9. Macedo, *Rosa*, p. 144.

10. Machado de Assis, *Quincas Borba*, p. 1.

11. Alencar, *Senhora*, p. 10.

12. Comparar o trecho da p. 253 do livro, quando Rubião se encontra no apogeu da riqueza e do prestígio, com o da p. 303, já pobre e abandonado:

1 [...] *As relações de Rubião tinham crescido em número. Camacho pusera-o em contato com muitos políticos, a comissão das Alagoas, com várias senhoras, os bancos e companhias, com pessoas do comércio e da praça, o teatro com alguns frequentadores e a rua do Ouvidor com toda a gente. Quando apareciam as barbas e o par de bigodes longos, uma sobrecasaca bem justa, um peito largo, a bengala de unicórnio, e um andar firme e senhor, dizia-se logo que era o Rubião – um ricaço de Minas.*

2. *Tudo fez-se sossegadamente. Palha alugou uma casinha na rua do Príncipe cerca do mar, onde meteu o nosso Rubião, alguns trastes e o cachorro amigo. Rubião adotou a mudança sem desgosto* [...] *Não sucedeu assim aos amigos da casa, que receberam a notícia da mudança como um decreto de exílio.*

13. Machado de Assis, *Quincas Borba*, p. 250.

Ver ainda Proust, *À l'Ombre des Jeunes Filles en Fleurs*, p. 125:

Isso não impede que todas as vezes que a sociedade se encontra momentaneamente imóvel aqueles que nela vivem imaginem que nenhuma mudança irá se processar, da mesma maneira que tendo presenciado o advento do telefone, não queiram acreditar no aeroplano.

14. Ver Goblot, *La Barrière et le Niveau*, cap. CLASSE ET RICHESSE, p. 17 e segs.

15. Jean Baptiste Dardel, LE MONDE, CADRES POUR L'ÉTUDE EMPIRIQUE D'UN MILIEU, em *Échanges Sociologiques*, II, Cercle de Sociologie de la Sorbonne, Paris, 1948. Segundo Dardel, o status é produto de três componentes: a família, a situação social e a fortuna. Por outro lado, a situação mundana é determinada por dois critérios: o status e a participação, esta última encarada como a integração do indivíduo nas atividades mundanas (p. 47 e segs).

16. Dardel, ob. cit., p. 50.

17. Proust, *À l'Ombre des Jeunes Filles en Fleurs*, p. 121.

18. Cf. Thorstein Veblen, *The Theory of the Leisure Class*, p. 58-88.

19. Gilberto Freyre, *Sobrados e mocambos*, p. 57.

20. Saint Hilaire, citado por Gilberto Freyre, ob. cit., p. 288.

21. Ayala, *Tratado de sociologia*, Editoral Losada, Buenos Aires, 1947, v. II, p. 109.

22. Tarde, *Les Lois de l'Imitation*, p. 356.

23. Proust, *Sodome et Gomorrhe*, II, v. I, p. 190.

24. Ver Gilberto Freyre, *Sobrados e mocambos*, p. 57.

25. G. Tarde, *Les Lois de l'Imitation*, p. 361.

E Tarde prossegue, em nota, citando Voltaire:

Por exemplo, em seu Siècle de Louis XIV *Voltaire escreve: Todos os diferentes estados eram outrora reconhecíveis pelas imperfeições que os caracterizavam. Os militares e os jovens que se destinavam à profissão das armas tinham uma vivacidade arrebatada; os membros da justiça, uma severidade desagradável para a qual muito contribuía o hábito de ir sempre togado inclusive à Corte. O mesmo acontecia com os universitários e os médicos. Os mercadores ainda usavam certas túnicas ("petites robes") quando se reuniam ou iam ver os ministros, e os comerciantes mais prósperos eram então homens grosseiros. Mas as casas, os espetáculos, os passeios públicos, onde as pessoas começavam a se reunir para desfrutar uma vida mais doce, tornaram aos poucos o exterior de todos os cidadãos quase idêntico. Vê-se hoje, até no fundo de uma botica, que a polidez se difundiu por todas as condições.*

26. Thorstein Veblen, *Theory of the Leisure Class*, p. 103-104:

O padrão de gastos que comumente guia nossos esforços não é o gasto comum, ordinário, já realizado, mas sim um ideal de consumo que se situa logo acima do nosso alcance, ou cujo alcance requer algum esforço.

Ver ainda Simmel, FILOSOFIA DE LA MODA, em *Cultura Feminina y Otros Ensayos*, p. 123 e segs.

27. Thorstein Veblen, ob. cit., p. 167.
28. Balzac, *Traité de la Vie Élegante*, p. 197.
29. Para a utilização dos símbolos na arte da vestimenta ver Cunnington, *The Art of English Costume*, cap. II, THE USE OF SYMBOLISM, p. 17-30.
30. *A saia rodada dos séculos XVI, XVII, XVIII e XIX (sobretudo a saia-balão) era um símbolo de classe – a mulher do povo a desconhecia. Quanto ao gibão dos homens, chegava a apresentar ombros de tal forma exagerados, com o auxílio de enchimentos, que a prática acabou por ser condenada como "uma coisa vaidosa e desagradável aos olhos de Deus"* (ver Cunnington, ob. cit., p. 22).
31. *Os homens usavam sapatos com uma ponta na frente, cujo comprimento era de meio pé; as pessoas ricas e mais eminentes ostentavam o comprimento de um pé e os príncipes o de dois pés, o que era a coisa mais ridícula jamais vista.* Paradin, *Histoire de Lyons*, citado por Cunnington, ob. cit., p. 21.
No século XVI os sapatos quadrados substituem os pontudos e o exagero se dá, então, na largura, até que uma proclamação estabelece o limite máximo de cinco polegadas de largura, na altura dos dedos. Bulver, 1653, citado por Cunnington, ob. cit., p. 22.
32. Na Europa, na Idade Média, *os véus das princesas e das rainhas desciam até os pés e eram suspensos por uma coroa; os das mulheres plebeias caíam apenas até a cintura e não havia coroa. Da mesma forma o comprimento da cauda denotava o nível do portador: dezessete jardas era o comprimento prescrito para a rainha, dez, para as filhas do rei, sete, para as outras princesas e quatro, para as duquesas.*
Elizabeth Hurlock, *The Psychology of Dress: an Analysis of Fashion and its Motive*, citado por Kimbal Young, *Handbook of Social Psychology*, p. 413.
33. Cf. Cunnigton, ob. cit., p. 21: *A imensa manga pendente que vemos na "bouppland" do século XV [...] foi originariamente um artifício de que lançaram mão os civis para mostrar sua importância crescente no estado e que sua profissão não era de armas.*
34. Cf. Thorstein Veblen, ob. cit., p. 170.
35. Ver, no Apêndice, o final de um artigo que, sobre o assunto, publica a *Revista Popular* de 10 de maio de 1860, assinado por Luís de Castro.
36. Max von Boehn, *La Moda nel Secolo XIX*, v. I, p. 128-129.
37. Esta conexão entre a voga dos coletes e certos fenômenos sociais, para a qual James Laver (de cujas observações estamos, neste ponto, nos utilizando, cf. *Taste and Fashion*, cap. XI, p. 128-135) chama a aten-

ção, é das mais interessantes e tem, a seu ver, passado despercebida aos psicólogos sociais. Segundo ele, o desaparecimento dos coletes sempre se acompanha de dois fenômenos relacionados – promiscuidade e inflação. Eis suas próprias palavras: *Ausência de coletes, moeda fraca e frouxidão moral generalizada; coletes, moeda sólida e prestígio da grande "cocotte" – tal parece ser a regra*. Em todo o caso o período imediatamente posterior à Grande Guerra assemelha-se sobremodo ao período do Diretório, quando as mulheres jogam de novo os coletes nos baús e os chapéus aos quatro ventos (p. 101). E acrescenta mais adiante: *Se o mundo algum dia tornar a estabilizar-se num novo período de equilíbrio e segurança política é provável que aqueles pesados coletes de barbatana e de exíguas cinturas ainda uma vez ressurjam* (p. 135). O mundo não se estabilizou de novo mas o pós-guerra de 40, contradizendo a arrojada teoria de Laver, fez reviver uma nova versão dos coletes na *guipière*. Este fenômeno, aparentemente paradoxal, talvez se explique se, retificando a hipótese brilhante mas um tanto leviana do ilustre diretor do *Museu Vitória e Alberto*, relacionássemos a existência dos coletes apenas às sociedades estratificadas em classes, e o seu maior ou menor prestígio à maior ou menor distância entre as mesmas. Quando estas distâncias se atenuam desaparecem os coletes, como os demais símbolos de privilégio, ou, espalhando-se por todas as camadas sociais, perdem o seu sentido distintivo; quando se aprofundam, ressurgem os mesmos. Revivendo um símbolo mais ou menos anacrônico, a sociedade atual pretendeu reforçar a ideia que o mesmo representava (separação nítida das classes abalada durante um longo período de guerra) e solidificar as posições conquistadas há pouco pelos grupos enriquecidos durante a crise. Mas cedo morreu a moda da mais recente cintura de vespa da história.

38. Para outros detalhes consultar Max von Boehn, *La Moda nel Secolo XIX*, v. III, p. 44, e James Laver, *Taste and Fashion*, p. 50.
39. Ver Kaethe Schirmacher, *Le Feminisme aux États Unis, en France, dans la Grande Bretagne, en Suède et en Russie*, Collin, 1898.
40. Proust, *Sodome et Gomorrhe*, II, v. I, p. 74.
41. Edmond Goblot, *La Barrière et le Niveau*.
Ver ainda Roger Bastide, *Arte e Sociedade*, p. 152:
Entre o povo e a aristocracia situa-se a classe média. O que a caracteriza acima de tudo é o desejo de não existir como grupo, isto é, de não se deixar também proletarizar, elevando-se sempre. Esteticamente este fato marca-se pela cópia das artes aristocráticas, mas como falta à classe média, às vezes instrução necessária e sempre o dinheiro, ela copiará,

fazendo com que a arte passe de uma técnica maior a uma outra menor.
42. James Laver, *Taste and Fashion*, p. 40-41.
43. Proust, *À l'Ombre des Jeunes Filles en Fleurs*, I, p. 157.
44. Proust, *À l'Ombre des Jeunes Filles en Fleurs*, III, p. 157:
Mme. Swann deixava raramente de adotar os usos que passavam por elegantes numa estação e que, não conseguindo se manter, eram logo abandonados (muitos anos antes ela tivera seu "handsome cab" e mandara imprimir num convite para almoçar que era "to meet" um personagem mais ou menos importante). Frequentemente esses usos nada tinham de misteriosos e não exigiam iniciação. Foi assim que, pequena inovação daqueles anos e importada da Inglaterra, Odette mandara fazer para seu marido cartões onde o nome de Charles Swann vinha precedido de "Mr.".
45. Cf. Proust, *Le Côté de Guermantes*, I, p. 27, com Thackeray, *Vanity Fair*, p. 425.
46. *The Burlington Magazin*, v. II, maio e agosto de 1881, citado por Cunnington, *Feminine Attitudes*, p. 140.
47. Em Max von Boehn, *La Moda nel Secolo XIX*, v. III, p. 75.
48. Para a importância dos mesmos ver:
Max von Boehn, ob. cit., p. 114-115; Balzac, AUTRE ÉTUDE DE FEMME, *Oeuvres Complètes*, tomo I, p. 593 (Paris: Mignot Éditeur); James Laver, *Taste and Fashion*, p. 22. E toda a rica coleção de retratos de senhoras, litografias, gravuras, desenhos etc., no século XIX.
49. Para a importância do leque, além da iconografia, ver artigo de Marie Beynon Ray, FLUTTER OF FUNS, em *The Mentor*, 1930, citado por Kimbal Young, *Handbook of Social Psychology*. Ver ainda no Apêndice a transcrição do artigo O XALE, de *A estação*, 15 de fevereiro (13º Ano, nº 3).
50. Proust, *Le Côté de Guermantes*, II, p. 118.
51. Deonna, ART ET SOCIETÉ – LES GROUPES SOCIAUX ET L'ART, em *Revue Internationale de Sociologie*, 35.ème année, nº 5 e 6, maio e junho de 1927, p. 262.
52. Esta distinção é feita, de maneira magistral, por Balzac em seu já citado *Autre Étude de Femme*.
53. Ver Proust, *Le Côté de Guermantes*, I, p. 34.
54. Idem, ibidem, p. 11. Ver a distinção que Proust faz entre a displicência de Saint Loup e a reserva cheia de grandeza do príncipe de Borodino.
55. Menção ao opúsculo de Spencer, *Les Manières et la Mode*, aparecido em 1852, em Ayala, ob. cit., p. 92.

56. Burckhardt, *The Civilization of the Renaissance in Italy*, p. 233-234.
57. Eis como Taine pinta o costureiro numa de suas crônicas feitas para *La Vie Parisienne*:
As mulheres descem às maiores baixezas para serem vestidas por ele. Essa criatura pequena, morena nervosa, recebe-as reclinada negligentemente num divã, com um charuto entre os lábios. "Ande! Vire! Muito bem! Volte em uma semana e eu lhe componho a 'toilette' que lhe convém!", diz. Não são elas que a escolhem, mas ele. E as senhoras sentem-se felizes pois, mesmo para isso, precisam de apresentação. Mme. B., uma personagem da alta sociedade, elegante até a alma, procurou-o o mês passado para encomendar um vestido. "Minha senhora", disse ele, "quem a apresenta?"
"Não compreendo!"
"Sinto muito, mas para ser vestida por mim, é preciso que alguém a apresente."
A senhora virou-lhe as costas sufocada de ódio. Mas outras ficaram, dizendo intimamente: "Não faz mal que seja grosseiro, contanto que me vista. Afinal, é a mais elegante que vence". Algumas damas, suas favoritas, habituaram-se a chamá-lo, antes de irem ao baile, para que lhes inspecione a "toilette". Ele dá pequenas reuniões, às dez da noite. Aos que exprimem seu espanto replica: "Sou um grande artista: uso as cores de Delacroix e é com elas que componho". Une toilette vaut um tableau. *Aos que se irritam com seus ares, responde: "Senhor, em todo artista há um quê de Napoleão"* (em James Laver, *Taste and Fashion*, p. 56-57).

O MITO DA BORRALHEIRA
1. *L'Évolution des Moeurs*, p. 186.
2. Ob. cit., p. 183: *As relações entre os grupos derivam tanto da hostilidade como da sociabilidade e dão mais facilmente lugar à vingança do sangue que à hospitalidade.*
3. Burckhardt, *The Renaissance in Italy*, p. 246.
4. Huizinga, *Homo Ludens*, Fondo de Cultura Económica, México, 1943, p. 289. Eis todo o trecho em que Huizinga descreve o aspecto antilúdico do século XIX:
Quase todas as grandes correntes do pensamento operam contra o fator lúdico na vida social. Nem o liberalismo, nem o socialismo lhe oferecem alimento. A ciência experimental e analítica, a filosofia, o utilitarismo e o reformismo políticos, o manchesterianismo, todas são atividades profundamente sérias. E quando o entusiasmo romântico se esgota na arte e na literatura, aparecem com o realismo e o naturalismo e, sobretudo

com o impressionismo, formas de expressão das mais alheias à ideia de jogo que já floresceram na cultura. Se alguma vez um século se tomou a si mesmo e a toda a sua existência a sério, este foi o século XIX.

5. Alicia Percival, *The English Miss To-Day and Yesterday*, Harrap: Londres, 1939, p. 137: referência a um trecho de romance de Mrs. Ewing, *Six to Sixteen*.

6. O termo "festa" é tomado, neste capítulo, no sentido de reunião mundana da elite.

7. Ver sob este ponto de vista o ensaio de Roger Caillois, Théorie de la Fête, em *La Nouvelle Revue Française*, n° 315 e 316, dezembro de 1939 e janeiro de 1940.

8. Caillois, ob. cit., p. 874.

9. Cf. Malinowski, *The Sexual Life of Savages in North Western Melanesia*, Eugenics Publishing Company, New York, copyright 1929, p. 256 e segs.

10. J.M. Macedo, *A Moreninha*, p. 160.

11. Idem, ibidem, p. 190.

12. José de Alencar, *Diva*, p. 25.

13. Admirável exemplo do enlevo sensual em que a valsa arremessa os pares é toda a passagem do baile, no final de *Senhora*, em que Aurélia e Fernando deixam-se levar no turbilhão da dança, verdadeiro substitutivo de uma posse frustrada (Alencar, *Perfis de Mulher*, p. 436-439).

14. Macedo, *Rosa*, p. 13.

15. Em *Vanity Fair* (p. 574 e segs.), Thackeray descreve com minúcia este jogo de salão em que Mrs. Crawley sobressai com grande sucesso, numa das brilhantes recepções de Gaunt-House.

Na crônica de 20 de fevereiro de 1859, da *Revista Popular*, encontramos menção de um passatempo, talvez semelhante a esse e já em voga no Brasil:

No oitavário do consórcio dos S.V. reuniram-se em sua chácara, no Andaraí, os seus afeiçoados. Houve um lindo sarau que começou pela representação de um espirituoso provérbio e terminou com algumas voltas de polcas e mesuras dos lanceiros [...] Apresenta-se agora uma novidade, para nós, bem entendido, e essa novidade, como todas, vai encontrando seus inimigos, quero falar-vos das representações de comédia em sala... É uma moda que nos veio da Inglaterra, disse ontem em certa roda um indivíduo, a quem acabavam de ler uma das cartas.

16. *La Moda*, v. II, p. 136:

Os quadros vivos que, como vimos, apareceram pela primeira vez por ocasião do Congresso de Viena, ainda eram realizados de maneira gran-

diosa, e foram, naquele ano, o motivo de não poucas festas. Assim, na corte de Berlim, se representou em 1818 a festa do amor celeste, em 1821 o poema de Moore Lalla Rokh, *em 1843 uma festa na corte de Ferrara – todos esses espetáculos que supunham, quer de quem tomava parte, como de quem representava, extensos conhecimentos históricos, literários e artísticos.*

17. Macedo descreve esses jogos em *Rosa* (p. 54 e 56) e n'*A Moreninha*, p. 201.

18. Thackeray, *Vanity Fair*, p. 575.

19. Ao contrário do que se costuma pensar, no século XIX as mulheres pintam-se bastante, como ressalta dos anúncios de jornais da época, dos artigos de jornais e dos romances. Principalmente no primeiro decênio e nos últimos vinte ou trinta anos, pois o Romantismo, difundindo o gosto pela palidez e pelas heroínas evanescentes, banira as cores artificiais. Cunnington (*Feminine Attitudes*, p. 45) refere-se aos anúncios das revistas femininas do primeiro decênio do século, que oferecem *siciliam bloom of youth, liquid vegetable rouge, pomade of colouring lips* etc., os quais iriam desaparecer das publicações vitorianas. Por volta de 1860, contudo, o gosto pela pintura retorna, trazido pelas heroínas do *demi-monde*, e a *Saturday Review* publica uma série de artigos condenando veementemente tão abominável costume, culminando com um que se intitula The Girl of the Period: *A mulher do momento é uma criatura que tinge os cabelos e pinta o rosto, os dois elementos principais de sua religião pessoal; cuja ideia fixa na vida é divertir-se e luxar o mais que pode, e cujo vestido absorve toda a capacidade de pensamento e de inteligência de que é capaz* (citado por Cunnington, ob. cit., p. 208).

Em 1873, *The Queen* comenta entre outras coisas: *Elas esperam que os maridos lhes tolerem todos os hábitos: sua custosa e incessante mudança de modas, seus pós e cosméticos, suas construções monstruosas de cabelos tintos e falsos, seus corpos estofados – todas as curvas feitas pela costureira e não pela natureza* (citado por Cunnington, ob. cit., p. 208).

Tais hábitos não eram desconhecidos de nossas recatadas donzelas, e o próprio Macedo os menciona, de passagem, em *A Moreninha* (p. 164): *Augusto, uma ideia feliz! Vais vestir-te no gabinete das moças* [...] *Ora! Pois tu deixas passar uma tão bela ocasião de te mirares no espelho em que elas se miram?* [...] *de te aproveitares das mil comodidades e das mil superfluidades que formigam no toucador de uma moça?* [...] *Vai* [...] *Sou eu que t'o digo: ali acharás banhas e pomadas naturais de todos os países, óleos aromáticos, essências de formosura e de qualidades, águas*

cheirosas, pós vermelhos para as faces e para os lábios, baeta fina para esfregar o rosto e enrubescer as pálidas; escovas e escovinhas, flores murchas e outras viçosas [...].
20. Simmel, *Sociologia*, p. 249.
21. Ver o segundo capítulo, O ANTAGONISMO.
22. Ver Max von Boehn, *La Moda*, v. III, p. 106.
23. Citado por Braunschvig, *La Femme et la Beauté*, p. 112.
Aliás isso era verdade mesmo tratando-se do *dandy* ou do *lion*, para quem a vestimenta, no entanto, desempenhava um papel muito importante, funcionando, frequentemente, como instrumento de ascensão social. Contudo, como o ideal de elegância masculina não é mais a beleza mas a correção (ver Goblot, *La Barrière et le Niveau*, p. 75 e segs.), é através da simplicidade que se celebrizam o Brummel, Alfred D'Orsay e mesmo os heróis mundanos de Balzac e Proust: Rastignac, Rubempré, Swann, Saint Loup etc. O *dandy* corresponde a um novo conceito de elegância bastante diverso do *incroyable* ou do *macarroni*.
24. Examinando a vida social do Brasil desta segunda metade do século, notamos que uma curiosa conexão se estabelece entre a estação mundana e a abertura das Câmaras. *Salve pois a formosa quadra dos folguedos* – diz o cronista social da *Revista Popular* (10 de maio de 1861) – *o clube já anuncia nova existência e prepara honrosa recepção aos filhos da cabala*. Parece que sem os deputados o Rio de Janeiro não vivia e as donzelas não achavam graça nos saraus. *Quando desabrocham as flores e zumbem os zangões, é sinal certíssimo de estarmos na primavera. Da mesma sorte quando a cidade povoa-se de moças e os deputados vêm chilrando aninhar-se na corte podemos afirmar que chegamos à quadra festiva* (*Revista Popular*, CRÔNICA SOCIAL DE 20 DE JUNHO DE 1860). Donzelas e deputados, eis portanto as duas condições indispensáveis à vida social da corte. Donde viria o sucesso mundano dos últimos? Talvez do acordo admirável entre a elegância, o brilho público da carreira e a habilidade maneirosa, treinada na profissão que, transplantada para os salões cariocas, refloria no talento inexcedível dos galanteios.
25. Tarde, *L'Opinion et la Foule*, Felix Alcan: Paris, 1904, p. 145: *Pode-se notar, no entanto, que os cumprimentos endereçados às mulheres evoluíram de maneira inversa aos precedentes. Louvou-se, inicialmente, as virtudes das mulheres, seu espírito de ordem e de economia, seu talento como tecelã, depois como musicista, antes de elogiar-se, pelo menos publicamente, sua beleza física.*
26. Para a festa, como criadora de solidariedade, ver:
MAUSS, ESSAI SUR LES VARIATIONS SAISONNIÈRES DES SOCIETÉS

Eskimos (Essai de morphologie sociale), em *L'Année Sociologique*, tomo IX, 1904-1905.

Durkheim, *Les Formes Elémentaires de la Vie Religieuse*, 3ª ed., Felix Alcan: Paris, 1937.

27. Ver Mas von Boehn, *Modes and Manners*, v. IV, Harrap: Londres, 1935, p. 292. Aliás, uma das diversões favoritas dessas cortes, sempre às voltas com as questões de precedência, eram os *Wirtschaften*, divertimento em que os membros de todas as classes vestiam-se de camponeses, abandonando a etiqueta por algum tempo (p. 289).

28. Tarde, *L'Opinion et la Foule*, p. 45.

29. Ver Max von Boehn, *La Moda*, v. II, p. 45.

30. Este problema foi tratado no capítulo A luta das classes.

31. Ver Proust, *À l'Ombre des Jeunes Filles en Fleurs*, III, p. 157.

32. Ver Proust, *À l'Ombre des Jeunes Filles en Fleurs*, II, p. 138 e segs.

33. Ver Tarde, ob. cit., p. 122 em nota.

34. Ver Thackeray, *Vanity Fair*, p. 568-569.

[...] *este grande e famoso líder da moda reconheceu Mrs. Rawdon Crawley, fez-lhe a corte a mais rasgada* [...] *convidou-a para a sua casa e falou com ela duas vezes, da maneira mais pública e condescendente durante o jantar. O fato importantíssimo espalhou-se por Londres inteira naquela mesma noite. As pessoas que andavam querendo apupar Mrs. Crawley, silenciaram* [...]. *Em resumo, ela foi admitida na alta sociedade.*

35. *Traité de la Vie Élegante*, p. 69.

36. *Vanity Fair*, p. 548:

Havia famílias em Londres que sacrificariam, de bom grado, a renda de um ano para receber tal honra das mãos daquelas grandes damas, Mrs. Frederick Bullock, por exemplo, teria ido de joelhos de Mayfair a Lombard Street se Lady Steyne e Lady Gaunt a estivessem esperando na cidade para erguê-la e dizer: "Apareça em nossa casa sexta-feira próxima" – não a uma das grandes reuniões e grandes bailes de Gaunt House, onde todo mundo ia, mas às sagradas inaproximáveis, misteriosas, deliciosas reuniões, a que era um privilégio, uma honra e, na verdade, uma bênção ser admitida.

Proust, *Sodome et Gomorrhe*, II, v. I, p. 45:

Mas as mulheres do tipo da embaixatriz otomana, ainda recentes na sociedade, não deixam de brilhar, por assim dizer, por toda a parte ao mesmo tempo. Elas são úteis a este tipo de reuniões que se chamam um sarau, um "raout" e que, para não perdê-lo, ter-se-iam feito conduzir moribundas.

37. *Vanity Fair*, p. 316.
38. *Vanity Fair*, p. 536:
Ela entrou no veículo como se fosse uma princesa acostumada toda a vida a ir à Corte, sorrindo com graça ao lacaio e a sir Pitt, que a seguiu na carruagem.
39. Idem, p. 541.
40. Cf. além do estudo de Thackeray, os que Proust consagra à carreira da *cocotte* Odette de Crécy, em *À la Recherche du Temps Perdu*, e Machado de Assis a Sofia Palha, em *Quincas Borba* – todos eles de lúcida penetração sociológica.
41. O mesmo poderíamos dizer do bacharel mulato, no Brasil, cuja ascensão fez-se, frequentemente, através dessa desenvoltura mundana: *bacharéis mulatos, retóricos e afetados no trajo uns, outros tão à vontade na sobrecasaca e nas ideias francesas e inglesas, como se tivessem nascido dentro delas* (Gilberto Freyre, *Sobrados e mocambos*, p. 324).
42. Balzac, *Illusions Perdues*. Deuxièmme Partie: Un Grand Homme de Province à Paris, p. 203-254.
43. Balzac, ob. cit., p. 206.
44. Balzac, ob. cit., p. 211.
45. Carta de Balzac a Mme. Hanska, em começos de 1833, em Brunetière, *Honoré de Balzac*, Nelson: Paris, s/d., p. 166.

BIBLIOGRAFIA

ALAIN
Système des Beaux-arts, 19ª ed., Gallimard: Paris, 1948
AYALA
Tratado de sociologia, Editoral Losada: Buenos Aires, v. II, 1947
BALZAC, Honoré de
Traité de la Vie Élegante, Bibliopolis: Paris, 1939
BASTIDE, Roger
Arte e sociedade, Livraria Martins Editora: São Paulo, 1945
BEAUVOIR, Simone de
Le Deuxième Sexe, v. II, 41ª ed., Gallimard: Paris, 1949
BENDA, Julien
Dialogue d'Eleuthère, 4ª ed., Emile-Paul Frères: Paris, 1920
BENEDICT, Ruth
Dress, Em *Encyclopaedia of Social Sciences*, v. V-VI, Macmillan: Nova York, 1932
BLONDEL, Charles
Introduction à la Psychologie Collective, Armand Collin: Paris, 1928
BOEHN, Max von
La moda – Uomini e Costume del Secolo XIX da Depinti e Incisioni del Tempo, v. III, Instituto Italiano d'Arti Grafiche: Bergamo, 1909
• *Mode and Manners*, v. IV, Harrap: Londres, 1935
BOUTHOUL, Gaston
Traité de Sociologie, Payot: Paris, 1946
BRAUNSCHVIG, Marcel
La Femme et la Beauté, Armand Collin: Paris, 1929
BROOKE, Iris
Western European Costume, Seventeenth to Mid Nineteenth Century, and its Relations to the Theatre, Harrap: Londres, 1946
BROPHY, John
The Human Face, 2ª ed., George G. Harrap: Londres, 1946
BURCKHARDT, Jacob
The Civilization of the Renaissance in Italy, Allen and Unwin Ltd.: Londres/ Nova York, 1944
BURAUD, Georges
Les Masques, Édition du Seuil: Paris, 1948
CUNNIGNTON, C. Willet
English Women's Clothing in the Nineteenth Century, Faber and Faber Ltd.: Londres, 1937

CUNNIGTON, C. Willet
Feminine Attitudes in the Nineteenth Century, Heinemann: Londres, 1935
• *Feminine Fig-leaves*, Faber and Faber: Londres, 1938
• *The Art of English Costume*, Collins Clear-Type Press: Londres, 1948
• *The Perfect Lady*, Max Parrish & Co. Ltd.: Londres, 1948
• *Why Women Wear Clothes*, Faber and Faber: Londres, 1931

DARDEL, J.B.
Le monde – Cadres pour l'Étude Empirique d'un Milieu
Em *Echanges Sociologiques*, II, Cercle de Sociologie de la Sorbonne: Paris, 1948, p. 45

DAVENPORT, Millia
The Book of Costume – a Comprehensive Detailed Account of Costume through the Ages Covering Dress, Jewelry, Ornament, Coiffure and all other Elements, v. II, com 3000 ilustrações, Crown Publishers: Nova York, 1948

DURKHEIM, Emile
Les Formes Élémentaires de la Vie Religieuse, 3ª ed., Felix Alcan: Paris, 1937
• *Les Régles de la Méthode Sociologique*, 8ª ed., Felix Alcan: Paris, 1927

FERNANDES, Florestan
A análise sociológica das classes sociais, em *Sociologia*, v. X, nº 2-3, 1948

FLÜGEL, J.C.
De la Valeur Affective du Vêtement, em *Revue Française de Psychanalyse*, tomo III, nº 3, 1929
• The Psychology of Clothes, *Compte-rendu*, em *Revue Française de Psychanalyse*, tomo IV, nº 4, 1930-1931, p. 66 e segs.

FREYRE, Gilberto
Sobrados e mocambos – decadência do patriarcado rural no Brasil edição ilustrada, Companhia Editora Nacional: São Paulo, 1936

FOCILLON, Henry
Vie des Formes, Alcan, Presses Universitaires de France: Paris, 1939

GAVARNI, Guillaume-Sulpice Chevallier
Oeuvres Choisies, Precedées d'une Notice de Jules et Edmond de Goncourt, et d'un Avant-Propos par Paul-André Lemoisne, Horizon de Frances: Paris, s/d.
• *Oeuvres Choisies*
• *Revues, Corrigées et Nouvellement Classées par l'Auteur. (Études de Moeurs Contemporaines. La Vie de Jeune Homme. Les débardeurs) Avec*

des Notices en Tête de Chaque Série par M.P. J., Stahl J. Hetzel-Garnier: Paris, 1849
• *Les Parures - Fantasie par Gavarni – Texte par Méry. Histoire de Mode Par Le Cte Foelix.*, G. de Gonet, Editeur: Paris, s/d.
GAVARNI-GRANDVILLE
• *Le Diable à Paris – Paris et les Parisiens*
4 vols., com texto de Bertall, Cham, Dantan, Clerget, Balzac, Octave Feuillet, Alfred de Musset, George Sand, P.J. Stahl, E. Sue, Soulié, Gustave Droz, Henry Rochefort, A. Villemont, etc., J. Hetzel, Librairie Editeur: Paris, 1868
GILL, Eric
Essays: Last Essays and In a Strange Land, Jonathan Cape: Londres, 1947
GOBLOT, Edmond
La Barrière et le Niveau, Nouvelle Édition, Félix Alcan: Paris, 1930
GREGORY, Paul M.
THE DEFORMED THIEF, em *The Antioch Review*, v. IV. Inverno de 47/48
GUYS, Constantin
Femmes Parisiennes (com texto de Baudelaire), Pantheon Books: Nova York, 1945
HEARD, Gerald
Narcissus: an Anatomy of Clothes, Kegan Paul: Londres, 1924
HEGEL
Esthétique, Trad. fr., Aubrier: Paris, 2 vols., 1944
HUIZINGA
Homo Ludens, Trad. esp. Fondo de Cultura Económica: México, 1943
KLEIN, Viola
The Feminine Character – History of an Ideology, Kegan Paul: Londres, 1946
KROEBER, A.L.
ON THE PRINCIPLE OF ORDER IN CIVILIZATION AS EXEMPLIFIED BY CHANGES OF FASHION, em *American Anthropologist*, v. XXI, 1929, p. 235-263
LAFUENTE, Enrique
The Paintings and Drawings of Velasquez, Complete Édition, Phaidon Press, Oxford University Press: New York, 1943
LALO, Charles
Les Problémes de l'Esthetique, Vuibert: Paris, 1925
LALO, Charles
Notions d'Esthétique, Presses Universitaires de France: Paris, 1948

LALO, Charles
• *L'art et la Vie Sociale*, Gaston Doin: Paris, 1921
• Filosofia de la Moda, em *Realidad*, v. I, p. 245, Março-Abril, Buenos Aires, 1947
LAVER, James
Taste andFashion, from the French Revolution to the Present Day, nova edição revista, George Harrap: Londres, 1946
• *Fashion and Fashion Plates 1800/1900*, The King Penguin Books: Londres-Nova York, 1943
• *Letter to a Girl on the Future of Clothes*, Home & Van Thal Ltd., 1946
LESTER, Katherine Morris
Historic Costumes – a Resumé of the Characteristic Types of Costume from the most Remote Times to the Present Day, 3ª ed. rev. e aument., *The Manual Art Press*, Peoria: Illinois, 1942
MAC DOUGALL
An Introduction to Social Psychology, 22ª ed., Methuen: Londres, 1931
MAC IVER
Society, a Text Book of Sociology, Rinehart & Co. Inc. 8ª ed.: Nova York, setembro de 1946
MALINOWSKI, Bronislaw, *The Sexual Life of Savages in North Western Melanesia*. Eugenics Publishing Company: Nova York, copyright, 1929
MARAÑON, Gregorio
Gordos y Flacos. Estado Actual del Problema de la Patologia del Peso Humano, *Cuadernos de Ciencia y de Cultura*, Madri, 1927
MAUCLAIR, Camille
Claude Monet, avec Quarante Planches Hors Texte, Texte en Heliogravure, Éditions Rieder: Paris, 1927
MAUSS, Marcel
Essais sur les Variations Saisonnières des Societés Eskimos. Essai de Morphologie Sociale em *L'Année Sociologique*, tomo IX, 1904-1905, p. 39-130
MONTAIGNE, Michel de
Essais, Éditions de La Pléiade: Paris, 1946
OGBURN, W. F.
Social Change with Respect to Culture and Original Nature, The Viking Press: Nova York, 1938
PERCIVAL, Alicia C.
The English Miss To-Day and Yesterday – Ideals, Methods and Per-

sonalities, in the Education and Upbringing of Girls During the Last Hundred Years*, George Harrap: Londres, 1939

PETERSON, Erik
Pour une Théologie du Vêtement, Éditions de l'Abeille: Lyon, 1943

QUENNEL, Marjorie
An History of Everyday Things in England, 1851-1934 v. IV, B. T. Batsford Ltd.: Londres, 1934

QUENNEL, Peter
Victorian Panorama – a Survey of Life and Fashion from Contemporary Photographs, B. T. Batsford Ltd.: Londres, 1934

RAS, Aurélio
Reflexiones sobre la Moda, Libreria Beltran: Madri, 1945

REY, Robert
Manet, trad. do francês por Eveline Byam Shaw, Heinemann Ltd.: Londres, s/d.

ROGER-MARX, Claude
Renoir – 60 Reproductions dont 8 en Couleurs, Librairie Floury: Paris, 1937

ROSS, E.A.
Social Psychology, an Outline and Source Book, Macmillan: Nova York, 1932

SAPIR
Fashion, em *Encyclopedia of the Social Sciences*, v. V-VI, Macmillan: Nova York, 1946

SCHLESINGER, Arthur M.
*Learning how to Behave (A Historical Study of American Etiquette Book*s), Macmillan: Nova York, 1946

SCHIRMACHER, Kaethe
Le Féminisme aux États Unis, en France, dans la Grande Bretagne, en Suède et en Russie, Colin: Paris, 1898

SEQUEIRA, Mattos
História do trajo em Portugal, Enciclopédia pela Imagem, Livraria Chardron, Lello & Irmãos Ltda.: Pôrto, s/d.

SIMMEL, Georg
Cultura Feminina y Otros Ensayos, 4ª ed., Epasa-Calpe Argentina S.A.: Buenos Ayres, 1944
• *Sociologia*, v. II, Epasa-Calpe Argentina, S.A.: Buenos Aires, 1939

SQUILLACE, Fausto
La Moda, Remo Sandron: Milão, 1912

SPENCER, Herbert
Principes de Sociologie, tomo III, Felix Alcan: Paris, 1908

STEINMETZ, S. R.
Die Mode Psycho und Soziologisch, Gesammelte kleinere Schriften zur Ethnologie und Soziologie, III, P. Noordhoft N.V., 1935
• MODE em *Handwörterbuch der Soziologie*, Ferdinand Enke Verlag: Stuttgart, 1931
THOMAS, W.
Sex and Society in the Social Psychology of Sex, 4ª ed., The University of Chicago Press, 1913
TARDE, Gabriel
Les Lois de l'Imitation, Felix Alcan: Paris, 1890
• *L'Opinion et la Foule*, Felix Alcan: Paris, 1904
TOUDOUZE, G.
Le Costume Français, col. Arts, Styles, Téchniques, Librairie Larousse: Paris, 1945
TRUMAN, Nevil
Historic Costume, Pitman: Londres, 1949
TURNER WILCOX, R.
La Moda en el Vestir, Ediciones Centurión: Buenos Aires, 1946
• *Quatre Cents Toilettes Reproduites en Couleurs d'après des Documents Authentiques*, Charpentier et E. Pasquelle: Paris, 1894
• *The Mode in Costume*, Scribner's Sons: Nova York, 1948
• *Un Siécle de Modes féminines 1794/1894*
VEBLEN, Thornstein
The Theory of the Leisure Class, The Modern Library: Copyrith, 1899
• *Essays in our Changing Order*, The Viking Press: Nova York, 1945
WELLS, H.G.
The Work, Wealth and Happiness of Mankind, Heinemann: Londres, 1932
WILLEMS, Emilio
A SOCIOLOGIA DO SNOBISMO, em *Revista do Arquivo Municipal*, ano V, v. LVIII, São Paulo, junho-1939, p. 43
WOOLF, Virginia
A Room of one's Own, Penguin Books Ltd., 1945
YOUNG, Kimball
A Handbook of Social Psychology, Kegan Paul: Londres, 1946
• *Social Psychology (An analysis of social behavior)*, Crofts & Co.: Nova York, 1938

FICÇÃO

ALENCAR, José de
Diva, Livraria Record Editora: Rio de Janeiro, 1938
• *O demônio familiar*, Comédia em 4 atos, 3ª ed., Garnier: Rio de Janeiro
• *Lucíola*, 3ª ed., Garnier: Rio de Janeiro, 1872
• *Senhora*, Garnier: Rio de Janeiro
BALZAC, H. de
AUTRE ÉTUDE DE FEMME, em *Oeuvres Complètes*, tomo I, La Renaissance du Livre: Paris, s/d.
• *Illusions Perdues* (LES DEUX POÈTES – UN GRAND HOMME DE PROVINCE À PARIS), Calman-Lévy Editeurs: Paris, s/d.
BRONTË, Charlotte
Jane Eyre, Modern Library: Nova York
MACEDO, Joaquim Manuel de
Rosa, Livraria Martins Editora: São Paulo
• *A moreninha*, Civilização Brasileira S.A. Editora: Rio de Janeiro, 1937
• DIVA, em *Perfis de mulheres*, Livraria Martins Editora: São Paulo, 1944
MACHADO DE ASSIS, Joaquim Maria
Yáyá Garcia, Garnier: Rio de Janeiro, 1899
• *A mão e a luva*, Editores Gomes de Oliveira & Cia: Rio de Janeiro, 1874
• *Helena*, Garnier: Rio de Janeiro, 1911
• *Quincas Borba*, Garnier: Rio de Janeiro, 1899
• *Dom Casmurro*, 2ª ed., Garnier: Rio de Janeiro, s/d
PROUST, Marcel
À l'Ombre des Jeunes Filles en Fleurs, v. III, 140ª ed., Gallimard: Paris, 1934
• *Le côté de Guermantes*, 2 vols., Gallimard (v. I, 60ª ed., 1934; v. II, 58ª ed., 1933)
• *Sodome et Gomorrhe I e II*, Gallimard (v. I, 58ª ed., 1933; v. II, 89ª ed., 1936; v. III, 89ª ed., 1935; v. IV, 89ª ed., 1935)
THACKERAY, William Makepeace
Vanity Fair, Modern Library: Nova York

REVISTAS

A Estação, ano 3, nº 5, 1884
Art News, números de: janeiro de 1947; fevereiro de 1947; outubro de 1947
La Revue du Cinéma, Automne 1949 (nº 19-20), cahier spécial consacré à l'art du costume dans le film
Novo Correio de Modas
Revista Popular, anos de 1859 e 1860
Rythmes du Monde, nº 4/1946, novembro/dezembro (número dedicado à vestimenta)

Editora Responsável e Gerência de Projeto
Ana Luisa Escorel | Ouro sobre Azul

Projeto Gráfico e Edição de Imagens
Ana Luisa Escorel | Ouro sobre Azul

Preparação dos Originais para Impressão
Erica Leal | Ouro sobre Azul

Revisão e Padronização de Texto
Ana Cecilia Agua de Melo

Fotografia do tecido usado na capa
Guilherme Maranhão

Tratamento de Imagens
Inês Coimbra | Ô de Casa

Impressão e Acabamento
Bartira Gráfica e Editora

O texto foi composto
em Fournier MT Std Regular c 11.5/c 16.045
e os títulos em Fournier MT Std Regular c 26/c 16.045.
O miolo foi impresso em papel Couché 115 g/m²
e a capa em papel Supremo 250 g/m²,
ambos de fabricação Suzano Papel e Celulose.

Copyright © 2019 by Ana Luisa Escorel, Laura de Mello
e Souza e Marina de Mello e Souza.

Grafia atualizada segundo o Acordo Ortográfico da Língua
Portuguesa de 1990, que entrou em vigor no Brasil em 2009.

Direitos desta edição reservados à
Editora Schwarcz S.A. - São Paulo
Rua Bandeira Paulista, 702, cj. 32
04532-002 - São Paulo - SP
www.companhiadasletras.com.br
e a Ouro sobre Azul Design e Editora Ltda.
ourosobreazul@ourosobreazul.com.br
www.ourosobreazul.com.br

CRÉDITO DAS ILUSTRAÇÕES

Tirante as imagens abaixo descritas, todas as outras pertencem ao
IEB - Instituto de Estudos Brasileiros da Univesidade de São Paulo /
Fundo Gilda e Antonio Candido de Mello e Souza.

Página 22 Raccolta Civica \ Como
Página 23 Osterreichische Galerie \ Viena

Página 27 Coleção Maria Dulce Müller Carioba Sigrist
Página 35 Coleção Oroncio Vaz de Arruda
Página 36 \ foto 2 \ Museu Nacional de Belas Artes \ Reprodução Sérgio Guerini
Página 39 National Gallery of Art \ Washington
Página 49 Musée d'Art et d'Histoire \ Geneva
Página 50 Wallace Collection \ Londres
Página 62 Museu Nacional de Belas Artes \ Rio de Janeiro
Página 74 Museu Nacional de Belas Artes \ Rio de Janeiro
Página 83 Museu Nacional de Belas Artes \ Rio de Janeiro
Página 98 Museu Nacional de Belas Artes \ Rio de Janeiro
Página 126 Coleção privada da Família Imperial do Brasil
Página 131 Coleção Eduardo Tolentino de Araújo
Página 133 Acervo Fundação Joaquim Nabuco, Ministério da Educação \ Rio de Janeiro
Página 150 Coleção José Mindlin
Página 152 Coleção José Mindlin
Página 155 Museu do Louvre \ Paris
Página 163 Museu Nacional de Belas Artes \ Rio de Janeiro
Página 168 Museu Nacional de Belas Artes \ Rio de Janeiro
Página 173 Coleção José Mindlin
Página 175 Galleria Nazionale d'Arte Moderna \ Roma
Página 186 Coleção Maria Dulce Müller Carioba Sigrist
Página 192 Coleção Maria Dulce Müller Carioba Sigrist
Página 193 Coleção Maria Dulce Müller Carioba Sigrist
Página 208 Coleção Maria Dulce Müller Carioba Sigrist

Todos os esforços foram feitos para determinar a autoria e a propriedade de algumas das fotos que aparecem neste livro. Em edições futuras, teremos prazer em creditar as fontes, caso se manifestem.

1ª edição [1987] 6 impressões / 2ª edição [2019]

DADOS INTERNACIONAIS DE CATALOGAÇÃO NA PUBLICAÇÃO (CIP)
(CÂMARA BRASILEIRA DO LIVRO, SP, BRASIL)

Souza, Gilda de Mello e, 1919-2005
O espírito das roupas: a moda no século dezenove / Gilda de Mello e Souza. -- 2. ed. -- São Paulo: Companhia das Letras; Rio de Janeiro: Ouro sobre Azul, 2019.

Bibliografia.
ISBN 978-85-359-3210-2 (Companhia das Letras)
ISBN 978-85-88777-87-3 (Ouro sobre Azul)

1. Moda 2. Moda - História - Século 19
3. Trajes - História - Século 19 I. Título.

19-23594   CDD-391.00904

Índices para catálogo sistemático:
1. Moda : História : Século   19 391.00904
Maria Alice Ferreira - Bibliotecária - CRB-8/7964

A marca fsc® é a garantia de que a madeira utilizada na fabricação do papel deste livro provém de florestas que foram gerenciadas de maneira ambientalmente correta, socialmente justa e economicamente viável, além de outras fontes de origem controlada.